聋儿早期康复教育系列丛书

听力障碍儿童康复教学记录

孙喜斌　梁　巍　主编

姓名：_____

机构：_____

中国聋儿康复研究中心

听力国际国家（中国）中心

华夏出版社

图书在版编目(CIP)数据

听力障碍儿童康复教学记录/孙喜斌,梁巍主编. —北京:华夏出版社,2006.1(2015年重印)
(聋儿早期康复教育系列丛书)
ISBN 978-7-5080-3878-0

Ⅰ.听… Ⅱ.①孙… ②梁… Ⅲ.听力障碍-儿童-康复-教学参考资料 Ⅳ.G762.4

中国版本图书馆CIP数据核字(2005)第138512号

华夏出版社出版发行
(北京东直门外香河园北里4号 邮编:100028)
新 华 书 店 经 销
北京建筑工业印刷厂南厂印刷
三河市少明印务有限公司装订
787×1092 1/16开本 14.25印张 330千字 插页1
2006年1月北京第1版 2015年1月北京第4次印刷
定价:29.00元

本版图书凡印刷装订错误可及时向我社发行部调换

聋儿早期康复教育系列丛书

编委会名单

编委会主任：聂 滨

编　　　委：孙喜斌　陈振声　万选蓉　梁 巍　刀维洁
　　　　　　黎 明　卢晓月　龙 墨

组编单位：中国聋儿康复研究中心
　　　　　听力国际国家（中国）中心

听力障碍儿童康复教学记录

主　编：孙喜斌　梁　巍
编　者：周丽君　龙　墨　王　祺　张　莉　霍二冰
　　　　王丽雁　郑文芳

前　言

　　《听力障碍儿童康复评估档案》和《听力障碍儿童康复教学记录》是聋儿个体听力语言康复、发展和教师、家长实施有效教学的真实记录，是听力语言康复实践的宝贵财富，是探索听障儿童听力语言康复规律，研究促进听障儿童个体发展有效方法的重要资源。为听障儿童实施康复评估，建立康复评估档案，开展康复教学记录，是我国听力语言康复工作努力提高听障儿童康复、教育质量，逐步实现规范化、标准化和科学化管理的重要举措。为听障儿童建立康复评估档案，组织实施康复教学记录，将作为全国正在实施的听力语言康复机构分类指导和验收管理工作的重要内容。

　　受全国残疾人康复工作办公室聋儿康复协调组的委托，中国聋儿康复研究中心知名的专家、教授和学者在认真吸收和总结了国内外听力语言康复临床实践经验的基础上，针对我国听障儿童听力语言康复教学实际需要编写的《听障儿童康复评估档案》和《听障儿童康复教学记录》，旨在为听觉障碍儿童的康复训练提供一套系统的听觉言语康复计划和与之配套的康复评估记录用表，以期不断引导和规范听力语言康复教学实践行为，形成有效的康复效能，实现听力语言康复实践经验的有序积累，切实提高全国听力语言康复工作的质量和水平。

编　者
2005.9.14

填 写 要 求

听力语言康复教学记录以档案的方式记录听力障碍儿童的康复进程，它将为康复经验的积累、康复规律的探索提供全面的、基础的、过程性信息，是确保教师不断进行教学反思和总结的有效手段和方法，各承担康复任务的机构及具体执行人必须按照如下的要求，认真做好听力障碍儿童的听力语言康复教学的记录工作。

一、言语听觉、言语与语言能力培建计划的填写，要求执行人在填写之前应熟悉两项计划的整体目标结构。为便于执行人使用，本手册已将阶段具体的言语、听觉及语言行为目标逐一列出，每一目标的表述都有基本内容范围的提示。执行人需根据目标提示将具体训练内容填写于"教学内容"栏下，同时制定完成时间、采用的单训强度和教学实施方式。待目标行为出现后，执行人要对听力障碍儿童的行为建立过程实施录像记录。录像记录内容依据执行人制定的教学内容的顺序依次填写。具体音像内容序号由计划编号及执行人拟定的教学内容序号组成。例如：执行人为某聋儿针对编号为 H21 的听觉言语教学计划制定的训练内容序号为 3，则该项内容的录像序号为 H21－3。同理，言语能力的录像序号为 SL21－3。

二、文字档案内容要字迹工整，内容完整、详实；音像档案画面、语音要清晰。

目　录

听觉能力培建记录……………………………………………………（1）

言语和语言能力培建记录……………………………………………（65）

儿童认知与语言发展年龄阶段特点参考资料………………………（189）

听觉能力培建记录

编号：H01

目标 1：声音的有无及声源定向 **教学内容：**与儿童的生活环境相关且熟悉的、有意义的不同频率和振幅的声源（自然声、玩具声、家用电子设备声、人体声、语声、音乐、歌曲等）	目标完成情况		
	独立完成	帮助完成	不能完成

拟定完成时间：	实际完成时间：

单训强度：□20 分钟/天　　□40 分钟/天　　□1 小时/天　　□1 小时以上/天

教学实施方式：□教师——孩子　　　　□教师——孩子——家长

序号	音像内容

要求：目标行为建立之后不少于 3 分钟的录像

教学内容

教师签字：

听觉能力培建记录

编号：H02

目标 2：闭合水平感受声音差异 教学内容 1：差异较大的自然声（例如：电话声，敲门声）	目标完成情况		
	独立完成	帮助完成	不能完成

拟定完成时间：	实际完成时间：

单训强度：□20 分钟/天　　□40 分钟/天　　□1 小时/天　　□1 小时以上/天

教学实施方式：□教师——孩子　　　　□教师——孩子——家长

序号	音像内容

要求：目标行为建立之后不少于 3 分钟的录像

教学内容

教师签字：

听觉能力培建记录

编号： H03

目标 2：闭合水平感受声音差异 **教学内容** 2：时长、频率、振幅等各方面差异不同的语音模仿声（例如：各种动物叫声）	目标完成情况		
	独立完成	帮助完成	不能完成

拟定完成时间：	实际完成时间：

单训强度：□20分钟/天　　□40分钟/天　　□1小时/天　　□1小时以上/天

教学实施方式：□教师——孩子　　　　□教师——孩子——家长

序号	音像内容

要求：目标行为建立之后不少于 3 分钟的录像

教学内容

教师签字：

听觉能力培建记录

编号： H04

目标 2：闭合水平感受声音差异 教学内容 3：话语声：男、女声，小孩声；目标完成情况	独立完成	帮助完成	不能完成

拟定完成时间：	实际完成时间：

单训强度：□20 分钟/天　　□40 分钟/天　　□1 小时/天　　□1 小时以上/天

教学实施方式：□教师——孩子　　　　□教师——孩子——家长

序号	音像内容

要求：目标行为建立之后不少于 3 分钟的录像

教学内容

教师签字：

听觉能力培建记录

编号： H05

目标3：闭合水平超音段音位辨听 **教学内容：** 辨听被模仿的各种交通工具或动物玩具的叫声；目标完成情况	独立完成	帮助完成	不能完成

拟定完成时间：　　　　　　　　　　实际完成时间：

单训强度：□20分钟/天　　□40分钟/天　　□1小时/天　　□1小时以上/天

教学实施方式：□教师——孩子　　　　□教师——孩子——家长

序号	音 像 内 容

要求：目标行为建立前和后不少于3分钟的录像

教学内容

教师签字：

听觉能力培建记录

编号： H06

目标4：闭合水平音节数量不同词语的辨听 **教学内容**：孩子熟悉并已经理解自己"名字"声与别人"名字"声、"三音节词－单音节词－双音节词"目标完成情况	独立完成	帮助完成	不能完成
拟定完成时间： 　　　　　　　　　实际完成时间：			
单训强度：□20分钟/天　　□40分钟/天　　□1小时/天　　□1小时以上/天			
教学实施方式：□教师——孩子　　　　　□教师——孩子——家长			
序号	音　像　内　容		
要求：目标行为建立之后不少于3分钟的录像			

教学内容

教师签字：

听觉能力培建记录

编号： H07

目标5：闭合水平音节数量相同、差异较大语音辨听 **教学内容：** 孩子熟悉并已经理解多音节词汇发音 （例如：大老虎－小山羊－猫头鹰－白毛巾……）	目标完成情况		
	独立完成	帮助完成	不能完成

拟定完成时间：	实际完成时间：

单训强度：□20分钟/天　　□40分钟/天　　□1小时/天　　□1小时以上/天

教学实施方式：□教师——孩子　　　　□教师——孩子——家长

序号	音像内容

要求：目标行为建立之后不少于3分钟的录像

教学内容

教师签字：

听觉能力培建记录

编号：H08

目标 6：闭合水平单音节词汇辨听 教学内容 1：韵母辨别	目标完成情况		
	独立完成	帮助完成	不能完成

拟定完成时间： 实际完成时间：

单训强度：□20 分钟/天　　□40 分钟/天　　□1 小时/天　　□1 小时以上/天

教学实施方式：□教师——孩子　　　　□教师——孩子——家长

序号	音 像 内 容

要求：目标行为建立之后不少于 3 分钟的录像

教学内容

教师签字：

听觉能力培建记录

编号：H09

目标 6：闭合水平单音节词汇辨听 教学内容 2：声母辨别	目标完成情况		
	独立完成	帮助完成	不能完成

拟定完成时间：	实际完成时间：

单训强度：□20 分钟/天　　□40 分钟/天　　□1 小时/天　　□1 小时以上/天
教学实施方式：□教师——孩子　　　　　□教师——孩子——家长

序号	音 像 内 容

要求：目标行为建立之后不少于 3 分钟的录像

教学内容

教师签字：

听觉能力培建记录

编号: H10

目标6:闭合水平单音节词汇辨听 教学内容4:韵尾相同单音节词辨听(-n;-ng) 例如:zhēn-lín　　líng-hóng 　　　针-林　　　铃-红	目标完成情况		
	独立 完成	帮助 完成	不能 完成

拟定完成时间:　　　　　实际完成时间:

单训强度:□20分钟/天　　□40分钟/天　　□1小时/天　　□1小时以上/天

教学实施方式:□教师——孩子　　　　□教师——孩子——家长

序号	音像内容

要求: 目标行为建立之后不少于3分钟的录像

教学内容

教师签字：

听觉能力培建记录

编号：H11

目标6：闭合水平单音节词汇辨听 **教学内容3**：同声母、同韵尾但不同元音的词 例如：pān－pēn　qín－qún　tián－tuán　zhōng－zhēng 　　　攀－喷　　琴－裙　　甜－团　　钟－筝 （a-e; a-i; a-u; e-i; e-u) n; ng （in-un; in-ün; ian-üan; ian-uan; üan-uan）	目标完成情况		
	独立完成	帮助完成	不能完成

拟定完成时间：	实际完成时间：

单训强度：□20分钟/天　　□40分钟/天　　□1小时/天　　□1小时以上/天

教学实施方式：□教师——孩子　　　　□教师——孩子——家长

序号	音像内容

要求：目标行为建立之后不少于3分钟的录像

教学内容

教师签字:

听觉能力培建记录

编号：H12

<table>
<tr>
<td colspan="4">目标 6：闭合水平单音节词汇辨听
教学内容 5：辨别单元音、复元音＋鼻音韵尾
例如：拔－白
a－ai；a－ao；a－ang；e－en；e－eng；i－ia；i－iu；i－iao；i－ian
（i－iang i－ing i－iong u－ua u－uai u－ui u－un u－uo ü－üan ü－ün）</td>
<td colspan="3" align="center">目标完成情况</td>
</tr>
<tr>
<td colspan="4"></td>
<td align="center">独立
完成</td>
<td align="center">帮助
完成</td>
<td align="center">不能
完成</td>
</tr>
<tr>
<td colspan="7"></td>
</tr>
</table>

拟定完成时间：　　　　　　　　实际完成时间：

单训强度：□20 分钟/天　　□40 分钟/天　　□1 小时/天　　□1 小时以上/天

教学实施方式：□教师——孩子　　　　□教师——孩子——家长

序号	音 像 内 容

要求：目标行为建立之后不少于 3 分钟的录像

教学内容

教师签字:

听觉能力培建记录

编号：H13

目标6：闭合水平单音节词汇辨听 教学内容6：辨别有相同元音或韵尾，但声母不同的音 例如：mù – hǔ miàn – jiǎn – jiàn líng – bǐng mā – tǎ lí – pí 　　　木 – 虎　面 – 剪 – 剑　铃 – 饼　妈 – 塔　梨 – 皮	目标完成情况		
	独立 完成	帮助 完成	不能 完成

拟定完成时间：	实际完成时间：

单训强度：□20分钟/天　　□40分钟/天　　□1小时/天　　□1小时以上/天

教学实施方式：□教师——孩子　　　　□教师——孩子——家长

序号	音 像 内 容

要求：目标行为建立之后不少于3分钟的录像

教学内容

教师签字：

听觉能力培建记录

编号： H14

目标6：闭合水平单音节词汇辨听 **教学内容**7：辨别不同声调的单音节词 例如：妈－马　亭－镜（1－3；2－4；1－4；3－4；1－2；2－3；1－2－3－4）等	目标完成情况		
	独立完成	帮助完成	不能完成

拟定完成时间：	实际完成时间：

单训强度：□20分钟/天　　□40分钟/天　　□1小时/天　　□1小时以上/天

教学实施方式：□教师——孩子　　　　□教师——孩子——家长

序号	音像内容

要求：目标行为建立之后不少于3分钟的录像

教学内容

教师签字：

听觉能力培建记录

编号： H15

目标7：半开放水平句子层次言语听觉辨识 **教学内容1**：辨识日常用语 例如：（1）打招呼（2）简单问题"谁呀？这是什么？"（3）简单是非问题（4）简单选择题（5）简单回应（6）简单指令（7）简单祝贺语	目标完成情况		
	独立完成	帮助完成	不能完成

拟定完成时间：	实际完成时间：

单训强度：□20分钟/天　　□40分钟/天　　□1小时/天　　□1小时以上/天

教学实施方式：□教师——孩子　　　　□教师——孩子——家长

序号	音像内容

要求：目标行为建立之后不少于3分钟的录像

教学内容

教师签字:

听觉能力培建记录

编号： H16

目标 7：半开放水平句子层次言语听觉辨识 **教学内容** 2：回忆句中两要素项 例如：借助实物或图片表达熟悉的词 （1）给我××和×× （2）请把××放在××上	目标完成情况		
	独立完成	帮助完成	不能完成

拟定完成时间：	实际完成时间：

单训强度：□20 分钟/天　　□40 分钟/天　　□1 小时/天　　□1 小时以上/天

教学实施方式：□教师——孩子　　　　□教师——孩子——家长

序号	音像内容

要求：目标行为建立之后不少于 3 分钟的录像

教学内容

教师签字:

听觉能力培建记录

编号：H17

目标 7：半开放水平句子层次言语听觉辨识 **教学内容** 3：回忆句中三要素项目常用语 例如：(1) 请把××和××放在××里面 (2) 捡起（指示代词）+（形状或颜色形容词）+名词 (3) 拿起+指示代词+色彩形容词+名词 (4) 给我（捡起、指一指、摸一摸）+方位名词+名词	目标完成情况		
	独立完成	帮助完成	不能完成

拟定完成时间： 　　　　　　　　实际完成时间：

单训强度：□20 分钟/天　　□40 分钟/天　　□1 小时/天　　□1 小时以上/天

教学实施方式：□教师——孩子　　　　□教师——孩子——家长

序号	音 像 内 容

要求：目标行为建立之后不少于 3 分钟的录像

教学内容

教师签字：

听觉能力培建记录

编号：H18

目标 8：半开放水平句子层次言语听觉理解 **教学内容 1**：根据图画、书本回答问题 例如：这是什么？谁？什么颜色等	目标完成情况		
	独立完成	帮助完成	不能完成

拟定完成时间：	实际完成时间：

单训强度：□20 分钟/天　　□40 分钟/天　　□1 小时/天　　□1 小时以上/天

教学实施方式：□教师——孩子　　　　□教师——孩子——家长

序号	音 像 内 容

要求：目标行为建立之后不少于 3 分钟的录像

教学内容

教师签字:

听觉能力培建记录

编号： H19

	目标完成情况		
目标 8：半开放水平句子层次言语听觉理解 **教学内容** 2：根据所知道或熟悉的话题回答问题	独立完成	帮助完成	不能完成

拟定完成时间：	实际完成时间：

单训强度：☐20 分钟/天　　☐40 分钟/天　　☐1 小时/天　　☐1 小时以上/天

教学实施方式：☐教师——孩子　　　　☐教师——孩子——家长

序号	音 像 内 容

要求：目标行为建立之后不少于 3 分钟的录像

教学内容

教师签字：

听觉能力培建记录

编号： H20

目标 8：半开放水平句子层次言语听觉理解 教学内容 3：依从多重指示完成任务 例如：（1）捡起＋形状形容词＋颜色形容词，那＋形状形容词＋颜色形容词＋名词　　（2）把……放在……上	目标完成情况		
	独立完成	帮助完成	不能完成

拟定完成时间：	实际完成时间：

单训强度：□20 分钟／天　　□40 分钟／天　　□1 小时／天　　□1 小时以上／天

教学实施方式：□教师——孩子　　　　□教师——孩子——家长

序号	音 像 内 容

要求：目标行为建立之后不少于 3 分钟的录像

教学内容

教师签字：

听觉能力培建记录

编号： H21

目标8：半开放水平句子层次言语听觉理解 教学内容4：听故事辨图	目标完成情况		
	独立 完成	帮助 完成	不能 完成

拟定完成时间： 　　　　　　　　　实际完成时间：
单训强度：□20分钟/天　　□40分钟/天　　□1小时/天　　□1小时以上/天
教学实施方式：□教师——孩子　　　　□教师——孩子——家长

序号	音像内容

要求：目标行为建立之后不少于3分钟的录像

教学内容

教师签字:

听觉能力培建记录

编号：H22

目标 9：开放水平句子层次言语听觉理解 **教学内容 1**：依从多重指示做动作 （同半开放水平的"依从多重指示完成任务"，但目标物不在孩子视野范围之内）	目标完成情况		
	独立完成	帮助完成	不能完成

拟定完成时间：　　　　　　　　　实际完成时间：

单训强度：□20 分钟/天　　□40 分钟/天　　□1 小时/天　　□1 小时以上/天

教学实施方式：□教师——孩子　　　　□教师——孩子——家长

序号	音像内容

要求：目标行为建立之后不少于 3 分钟的录像

教学内容

教师签字：

听觉能力培建记录

编号：H23

目标9：开放水平句子层次言语听觉理解 **教学内容2**：回忆句中的元素 （直接或间接提示关键要素，说一句话，然后让孩子回答内容要素：什么颜色、形状、东西或人？到或在哪儿？)	目标完成情况		
	独立完成	帮助完成	不能完成

拟定完成时间：	实际完成时间：

单训强度：□20分钟/天　　□40分钟/天　　□1小时/天　　□1小时以上/天
教学实施方式：□教师——孩子　　　　□教师——孩子——家长

序号	音像内容

要求：目标行为建立之后不少于3分钟的录像

教学内容

教师签字：

听觉能力培建记录

编号： H24

目标 9：开放水平句子层次言语听觉理解 **教学内容** 3：回答事先不说明，但熟悉的话题 例如：（1）相关内容的对话交流：你去哪儿了？看见了什么？问话之间相关联（2）无关内容自由对话：你吃饭了吗？妈妈去哪儿了？	目标完成情况		
	独立完成	帮助完成	不能完成

拟定完成时间：　　　　　　　　　实际完成时间：

单训强度：□20分钟/天　　□40分钟/天　　□1小时/天　　□1小时以上/天

教学实施方式：□教师——孩子　　　　□教师——孩子——家长

序号	音像内容

要求：目标行为建立之后不少于 3 分钟的录像

教学内容

教师签字：

听觉能力培建记录

编号： H25

目标9：开放水平句子层次言语听觉理解 **教学内容**4：言语跟踪 例如：说出一句话，要求孩子准确复述出来	目标完成情况		
	独立完成	帮助完成	不能完成

拟定完成时间：　　　　　　　　　实际完成时间：

单训强度：□20分钟/天　　□40分钟/天　　□1小时/天　　□1小时以上/天

教学实施方式：□教师——孩子　　　　□教师——孩子——家长

序号	音像内容

要求：目标行为建立之后不少于3分钟的录像

教学内容

教师签字：

听觉能力培建记录

编号： H26

目标 9：开放水平句子层次言语听觉理解 **教学内容** 5：语言游戏（构词） 例如：（1）看卡片说量词：一（ ）苹果（2）加"子"的名词：帽（子）、桌（子）（3）形容词后加名词等	目标完成情况		
	独立 完成	帮助 完成	不能 完成

拟定完成时间： 实际完成时间：
单训强度：□20 分钟/天　　□40 分钟/天　　□1 小时/天　　□1 小时以上/天
教学实施方式：□教师——孩子　　　　□教师——孩子——家长

序号	音 像 内 容
要求：目标行为建立之后不少于 3 分钟的录像	

教学内容

教师签字：

听觉能力培建记录

编号： H27

目标 10：开放水平语段层次言语听觉理解 **教学内容 1：** 辨识儿歌 例如：（1）听儿歌（熟悉的）做动作（2）听儿歌辨认卡片（3）续接儿歌下句	目标完成情况		
	独立完成	帮助完成	不能完成

拟定完成时间： 　　　　　　　实际完成时间：

单训强度：□20 分钟/天　　□40 分钟/天　　□1 小时/天　　□1 小时以上/天

教学实施方式：□教师——孩子　　　　□教师——孩子——家长

序号	音 像 内 容

要求：目标行为建立之后不少于 3 分钟的录像

教学内容

教师签字：

听觉能力培建记录

编号： H28

目标 10：开放水平语段层次言语听觉理解 **教学内容** 2：听句辨一个词语 例 如：听描述，根据描述的或解释的语言辨识一个词汇 （如：儿童谜语）	目标完成情况		
	独立 完成	帮助 完成	不能 完成

拟定完成时间：	实际完成时间：

单训强度：□20 分钟/天　　□40 分钟/天　　□1 小时/天　　□1 小时以上/天

教学实施方式：□教师——孩子　　　　□教师——孩子——家长

序号	音 像 内 容

要求：目标行为建立之后不少于 3 分钟的录像

教学内容

教师签字：

听觉能力培建记录

编号： H29

目标 10：开放水平语段层次言语听觉理解 教学内容 3：听描述，根据描述辨识实物	目标完成情况		
	独立完成	帮助完成	不能完成

拟定完成时间：	实际完成时间：

单训强度：□20 分钟/天　　□40 分钟/天　　□1 小时/天　　□1 小时以上/天

教学实施方式：□教师——孩子　　　　□教师——孩子——家长

序号	音像内容

要求：目标行为建立之后不少于 3 分钟的录像

教学内容

教师签字：

听觉能力培建记录

编号： H30

目标 10：开放水平语段层次言语听觉理解 教学内容 4：听故事回答问题	目标完成情况		
	独立完成	帮助完成	不能完成

拟定完成时间： 实际完成时间：
单训强度：□20 分钟/天　　□40 分钟/天　　□1 小时/天　　□1 小时以上/天
教学实施方式：□教师——孩子　　　　□教师——孩子——家长

序号	音　像　内　容

要求：目标行为建立之后不少于 3 分钟的录像

教学内容

教师签字：

听觉能力培建记录

编号： H31

目标 10：开放水平语段层次言语听觉理解 教学内容 5：噪声环境下的言语理解	目标完成情况		
	独立完成	帮助完成	不能完成

拟定完成时间：	实际完成时间：

单训强度：□20 分钟/天　　□40 分钟/天　　□1 小时/天　　□1 小时以上/天

教学实施方式：□教师——孩子　　　　□教师——孩子——家长

序号	音 像 内 容

要求：目标行为建立之后不少于 3 分钟的录像

教学内容

教师签字：

听觉能力培建记录

编号： H32

目标 10：开放水平语段层次言语听觉理解 **教学内容 6：** 比喻性语言的理解 例如：理解笑话、幽默故事、寓言故事，能理解言外之意	目标完成情况		
	独立完成	帮助完成	不能完成

拟定完成时间：	实际完成时间：

单训强度：□20 分钟/天　　□40 分钟/天　　□1 小时/天　　□1 小时以上/天

教学实施方式：□教师——孩子　　　　□教师——孩子——家长

序号	音　像　内　容

要求：目标行为建立之后不少于 3 分钟的录像

教学内容

教师签字:

言语和语言能力培建记录

编号： SL01

阶段水平：前语言理解 目标1：学习并模仿发出6个标准单元音	目标完成情况		
	独立 完成	帮助 完成	不能 完成

拟定完成时间： 　　　　　　实际完成时间：
单训强度：□20分钟/天　　□40分钟/天　　□1小时/天　　□1小时以上/天
教学实施方式：□教师——孩子　　　　□教师——孩子——家长

序号	音像内容

要求：目标行为建立之后不少于3分钟的录像

教学内容

教师签字：

言语和语言能力培建记录

编号： SL02

		目标完成情况		
阶段水平： 前语言理解 **目标2：** 学习并模仿发出不少于6个双元音韵母（如：ai、ei、ao 等）		独立完成	帮助完成	不能完成

拟定完成时间： 实际完成时间：
单训强度：□20分钟/天　　□40分钟/天　　□1小时/天　　□1小时以上/天
教学实施方式：□教师——孩子　　　　□教师——孩子——家长

序号	音像内容

要求：目标行为建立之后不少于3分钟的录像

教学内容

教师签字：

言语和语言能力培建记录

编号：SL03

<table>
<tr><td rowspan="3">阶段水平：前语言理解
目标3：学习并模仿发出声母 h、m、b、d、n、g、q</td><td colspan="3">目标完成情况</td></tr>
<tr><td>独立完成</td><td>帮助完成</td><td>不能完成</td></tr>
<tr><td></td><td></td><td></td></tr>
</table>

拟定完成时间：	实际完成时间：

单训强度：□20分钟/天　　□40分钟/天　　□1小时/天　　□1小时以上/天

教学实施方式：□教师——孩子　　　　□教师——孩子——家长

序号	音像内容

要求：目标行为建立之后不少于3分钟的录像

教学内容

教师签字：

言语和语言能力培建记录

编号：SL04

阶段水平：前语言理解 目标 4：学习并模仿发出连续音节（如：hai–hai–hai 等）	目标完成情况		
	独立 完成	帮助 完成	不能 完成

拟定完成时间： 　　　　　　　　实际完成时间：
单训强度：□20 分钟/天　　□40 分钟/天　　□1 小时/天　　□1 小时以上/天
教学实施方式：□教师——孩子　　　　□教师——孩子——家长

序号	音 像 内 容
要求：目标行为建立之后不少于 3 分钟的录像	

教学内容

教师签字：

言语和语言能力培建记录

编号：SL05

<table>
<tr>
<td rowspan="2">阶段水平：前语言理解
目标 5：学习并模仿发出多音节（如：ma－da－ma 等）</td>
<td colspan="3">目标完成情况</td>
</tr>
<tr>
<td>独立完成</td>
<td>帮助完成</td>
<td>不能完成</td>
</tr>
<tr>
<td colspan="4">拟定完成时间：　　　　　　　实际完成时间：</td>
</tr>
<tr>
<td colspan="4">单训强度：□20 分钟/天　　□40 分钟/天　　□1 小时/天　　□1 小时以上/天</td>
</tr>
<tr>
<td colspan="4">教学实施方式：□教师——孩子　　　　□教师——孩子——家长</td>
</tr>
<tr>
<td>序号</td>
<td colspan="3">音像内容</td>
</tr>
<tr>
<td></td>
<td colspan="3"></td>
</tr>
<tr>
<td colspan="4">要求：目标行为建立之后不少于 3 分钟的录像</td>
</tr>
</table>

教学内容

教师签字：

言语和语言能力培建记录

编号： SL06

阶段水平：前语言理解 目标 6：学习并模仿发出多声调（如：mā－dǎ－dà 等）	目标完成情况		
	独立完成	帮助完成	不能完成

拟定完成时间：	实际完成时间：

单训强度：□20 分钟/天　　□40 分钟/天　　□1 小时/天　　□1 小时以上/天

教学实施方式：□教师——孩子　　　　□教师——孩子——家长

序号	音像内容

要求：目标行为建立之后不少于 3 分钟的录像

教学内容

教师签字：

言语和语言能力培建记录

编号： SL07

阶段水平：语言理解 **目标 7**：学习并准确模仿发出四声声调（如：dā－dá－dǎ－dà 等）	目标完成情况		
	独立完成	帮助完成	不能完成

拟定完成时间：	实际完成时间：

单训强度：□20分钟/天　　□40分钟/天　　□1小时/天　　□1小时以上/天
教学实施方式：□教师——孩子　　　　□教师——孩子——家长

序号	音 像 内 容

要求：目标行为建立之后不少于 3 分钟的录像

教学内容

教师签字：

言语和语言能力培建记录

编号：SL08

<table>
<tr><td colspan="2" rowspan="2">阶段水平：语言理解
目标 8：指认或说出初级词（常见物品或玩具名称）</td><td colspan="3" align="center">目标完成情况</td></tr>
<tr><td>独立
完成</td><td>帮助
完成</td><td>不能
完成</td></tr>
<tr><td colspan="2"></td><td></td><td></td><td></td></tr>
<tr><td colspan="5">拟定完成时间：　　　　　　　　实际完成时间：</td></tr>
<tr><td colspan="5">单训强度：□20 分钟/天　　□40 分钟/天　　□1 小时/天　　□1 小时以上/天</td></tr>
<tr><td colspan="5">教学实施方式：□教师——孩子　　　　□教师——孩子——家长</td></tr>
<tr><td>序号</td><td colspan="4" align="center">音 像 内 容</td></tr>
<tr><td></td><td colspan="4"></td></tr>
<tr><td colspan="5">要求：目标行为建立之后不少于 3 分钟的录像</td></tr>
</table>

教学内容

教师签字：

言语和语言能力培建记录

编号：SL09

阶段水平：口语萌芽阶段 目标9：理解并回答"这是什么？"简单提问句	目标完成情况		
	独立 完成	帮助 完成	不能 完成

拟定完成时间：	实际完成时间：

单训强度：☐20分钟/天　　☐40分钟/天　　☐1小时/天　　☐1小时以上/天

教学实施方式：☐教师——孩子　　　　☐教师——孩子——家长

序号	音像内容

要求：目标行为建立之后不少于3分钟的录像

教学内容

教师签字：

言语和语言能力培建记录

编号： SL10

阶段水平：口语萌芽阶段 目标10：理解并回答"××在哪里?"简单提问句	目标完成情况		
	独立完成	帮助完成	不能完成

拟定完成时间：	实际完成时间：

单训强度：□20分钟/天　　□40分钟/天　　□1小时/天　　□1小时以上/天
教学实施方式：□教师——孩子　　　　□教师——孩子——家长

序号	音像内容

要求：目标行为建立之后不少于3分钟的录像

教学内容

教师签字：

言语和语言能力培建记录

编号： SL11

阶段水平：口语萌芽阶段 目标 11：理解并回答"那是什么？"简单提问句	目标完成情况		
	独立完成	帮助完成	不能完成

拟定完成时间：	实际完成时间：

单训强度：□20 分钟/天　　□40 分钟/天　　□1 小时/天　　□1 小时以上/天

教学实施方式：□教师——孩子　　　□教师——孩子——家长

序号	音像内容

要求：目标行为建立之后不少于 3 分钟的录像

教学内容

教师签字：

言语和语言能力培建记录

编号：SL12

<table>
<tr>
<td rowspan="2">阶段水平：口语萌芽阶段
目标12：理解并回答"谁来了？"简单提问句</td>
<td colspan="3" align="center">目标完成情况</td>
</tr>
<tr>
<td>独立
完成</td>
<td>帮助
完成</td>
<td>不能
完成</td>
</tr>
<tr>
<td colspan="4">拟定完成时间：　　　　　　　　实际完成时间：</td>
</tr>
<tr>
<td colspan="4">单训强度：□20分钟/天　　□40分钟/天　　□1小时/天　　□1小时以上/天</td>
</tr>
<tr>
<td colspan="4">教学实施方式：□教师——孩子　　　　□教师——孩子——家长</td>
</tr>
<tr>
<td>序号</td>
<td colspan="3" align="center">音　像　内　容</td>
</tr>
<tr>
<td colspan="4" style="height:400px">　</td>
</tr>
<tr>
<td colspan="4">要求：目标行为建立之后不少于3分钟的录像</td>
</tr>
</table>

教学内容

教师签字：

言语和语言能力培建记录

编号： SL13

阶段水平：口语萌芽阶段 目标13：理解并回答"那是谁呀？"简单提问句	目标完成情况		
	独立完成	帮助完成	不能完成

拟定完成时间： 　　　　　　　　实际完成时间：
单训强度：□20分钟/天　　□40分钟/天　　□1小时/天　　□1小时以上/天
教学实施方式：□教师——孩子　　　　□教师——孩子——家长

序号	音 像 内 容

要求：目标行为建立之后不少于3分钟的录像

教学内容

教师签字:

言语和语言能力培建记录

编号： SL14P

阶段水平：口语萌芽阶段 目标 14：理解并回答"谁怎么了?"简单提问句	目标完成情况		
	独立完成	帮助完成	不能完成

拟定完成时间：	实际完成时间：

单训强度：□20 分钟/天　　□40 分钟/天　　□1 小时/天　　□1 小时以上/天

教学实施方式：□教师——孩子　　　　□教师——孩子——家长

序号	音像内容

要求：目标行为建立之后不少于 3 分钟的录像

教学内容

教师签字:

言语和语言能力培建记录

编号： SL15

阶段水平：口语萌芽阶段 目标15：理解并回答"××在做/干什么呀?"简单提问句	目标完成情况		
	独立完成	帮助完成	不能完成

拟定完成时间：	实际完成时间：

单训强度：□20分钟/天　　□40分钟/天　　□1小时/天　　□1小时以上/天

教学实施方式：□教师——孩子　　　　□教师——孩子——家长

序号	音像内容

要求：目标行为建立之后不少于3分钟的录像

教学内容

教师签字：

言语和语言能力培建记录

编号： SL16

阶段水平： 口语萌芽阶段 **目标 16：** 学习并掌握初级动词（如：哭、笑、拿、吃、看、喝、打、坐等）	目标完成情况		
	独立完成	帮助完成	不能完成

拟定完成时间：　　　　　　　　实际完成时间：

单训强度：□20 分钟/天　　□40 分钟/天　　□1 小时/天　　□1 小时以上/天

教学实施方式：□教师——孩子　　　　□教师——孩子——家长

序号	音像内容

要求：目标行为建立之后不少于 3 分钟的录像

教学内容

教师签字：

言语和语言能力培建记录

编号： SL17

阶段水平：口语萌芽阶段 目标 17：学习使用"主语+谓语双词句"（如：宝宝看、爸爸吃）	目标完成情况		
	独立完成	帮助完成	不能完成

拟定完成时间：　　　　　　　　实际完成时间：

单训强度：□20 分钟/天　　□40 分钟/天　　□1 小时/天　　□1 小时以上/天

教学实施方式：□教师——孩子　　　　□教师——孩子——家长

序号	音像内容

要求：目标行为建立之后不少于 3 分钟的录像

教学内容

教师签字：

言语和语言能力培建记录

编号： SL18

阶段水平：口语萌芽阶段 目标18：学习使用"谓语＋宾语双词句"（如：关门、洗碗、穿衣）	目标完成情况		
	独立完成	帮助完成	不能完成

拟定完成时间：	实际完成时间：

单训强度：□20分钟/天　　□40分钟/天　　□1小时/天　　□1小时以上/天

教学实施方式：□教师——孩子　　　　□教师——孩子——家长

序号	音像内容
要求：目标行为建立之后不少于3分钟的录像	

教学内容

教师签字：

言语和语言能力培建记录

编号： SL19

阶段水平：掌握完整句 目标 19：学习使用"主语＋谓语＋宾语"句式（如：小狗踢球）	目标完成情况		
^	独立完成	帮助完成	不能完成
^			

拟定完成时间：	实际完成时间：

单训强度：☐20 分钟/天　　☐40 分钟/天　　☐1 小时/天　　☐1 小时以上/天
教学实施方式：☐教师——孩子　　　　☐教师——孩子——家长

序号	音 像 内 容

要求：目标行为建立之后不少于 3 分钟的录像

教学内容

教师签字：

言语和语言能力培建记录

编号： SL20

阶段水平：掌握完整句 目标 20：学习使用"××在哪里?"问句提问	目标完成情况		
	独立完成	帮助完成	不能完成

拟定完成时间：	实际完成时间：

单训强度：□20分钟/天　　□40分钟/天　　□1小时/天　　□1小时以上/天

教学实施方式：□教师——孩子　　　□教师——孩子——家长

序号	音像内容

要求：目标行为建立之后不少于3分钟的录像

教学内容

教师签字：

言语和语言能力培建记录

编号：SL21

<table>
<tr><td rowspan="2">阶段水平：掌握完整句
目标21：学习使用人称代词"我"，会用"我+谓语+宾语"句式表达自己的需要或请求</td><td colspan="3" align="center">目标完成情况</td></tr>
<tr><td>独立完成</td><td>帮助完成</td><td>不能完成</td></tr>
<tr><td colspan="4"></td></tr>
<tr><td colspan="4">拟定完成时间：　　　　　　　实际完成时间：</td></tr>
<tr><td colspan="4">单训强度：□20分钟/天　　□40分钟/天　　□1小时/天　　□1小时以上/天</td></tr>
<tr><td colspan="4">教学实施方式：□教师——孩子　　　　□教师——孩子——家长</td></tr>
</table>

序号	音像内容

要求：目标行为建立之后不少于3分钟的录像

教学内容

教师签字：

言语和语言能力培建记录

编号： SL22

阶段水平：掌握完整句 目标22：学习使用"用字句"（如："用脚踢过来"、"用手拿过来"）	目标完成情况		
	独立完成	帮助完成	不能完成

拟定完成时间：	实际完成时间：

单训强度：□20分钟/天　　□40分钟/天　　□1小时/天　　□1小时以上/天

教学实施方式：□教师——孩子　　　　□教师——孩子——家长

序号	音 像 内 容

要求：目标行为建立之后不少于3分钟的录像

教学内容

教师签字：

言语和语言能力培建记录

编号： SL23

阶段水平：掌握完整句 目标 23：学习使用"把字句"（如："把某物拿过来"）	目标完成情况		
	独立 完成	帮助 完成	不能 完成

拟定完成时间： 实际完成时间：

单训强度：□20 分钟/天　　□40 分钟/天　　□1 小时/天　　□1 小时以上/天

教学实施方式：□教师——孩子　　　　□教师——孩子——家长

序号	音像内容

要求：目标行为建立之后不少于 3 分钟的录像

教学内容

教师签字：

言语和语言能力培建记录

编号： SL24

阶段水平：掌握完整句 目标 24：学习使用简单连动句（如："小明爱吃桃子"）	目标完成情况		
	独立 完成	帮助 完成	不能 完成

拟定完成时间：　　　　　　　　　实际完成时间：

单训强度：□20 分钟/天　　□40 分钟/天　　□1 小时/天　　□1 小时以上/天

教学实施方式：□教师——孩子　　　　□教师——孩子——家长

序号	音 像 内 容

要求：目标行为建立之后不少于 3 分钟的录像

教学内容

教师签字：

言语和语言能力培建记录

编号：SL25

<table>
<tr><td colspan="2" rowspan="2">阶段水平：掌握完整句
目标 25：学习使用简单复合句（如："某人喜欢怎样，某人喜欢怎样"）</td><td colspan="3">目标完成情况</td></tr>
<tr><td>独立完成</td><td>帮助完成</td><td>不能完成</td></tr>
<tr><td colspan="2"></td><td></td><td></td><td></td></tr>
</table>

拟定完成时间：	实际完成时间：

单训强度：□20 分钟/天　　□40 分钟/天　　□1 小时/天　　□1 小时以上/天

教学实施方式：□教师——孩子　　　　□教师——孩子——家长

序号	音像内容

要求：目标行为建立之后不少于 3 分钟的录像

教学内容

教师签字：

言语和语言能力培建记录

编号： SL26

<table>
<tr><td rowspan="3">

阶段水平： 掌握完整句
目标 26： 学习使用形容词（如：大汽车、小汽车等）

</td><td colspan="3" align="center">目标完成情况</td></tr>
<tr><td>独立
完成</td><td>帮助
完成</td><td>不能
完成</td></tr>
<tr><td></td><td></td><td></td></tr>
</table>

拟定完成时间：	实际完成时间：

单训强度：□20 分钟/天　　□40 分钟/天　　□1 小时/天　　□1 小时以上/天

教学实施方式：□教师——孩子　　　　□教师——孩子——家长

序号	音像内容

要求： 目标行为建立之后不少于 3 分钟的录像

教学内容

教师签字：

言语和语言能力培建记录

编号： SL27

阶段水平：掌握完整句 目标 27：学习使用副词"最"、"很"、"都"、"更"、"再"、"还"、"也"、"又"（如："我最喜欢××"或"××最好"）	目标完成情况		
	独立完成	帮助完成	不能完成

拟定完成时间：	实际完成时间：

单训强度：□20 分钟/天　　　□40 分钟/天　　　□1 小时/天　　　□1 小时以上/天

教学实施方式：□教师——孩子　　　　□教师——孩子——家长

序号	音像内容

要求：目标行为建立之后不少于 3 分钟的录像

教学内容

教师签字:

言语和语言能力培建记录

编号：SL28

<table>
<tr><td rowspan="3">阶段水平：掌握完整句
目标28：学习使用特指疑问句式"这是谁的××？"</td><td colspan="3">目标完成情况</td></tr>
<tr><td>独立完成</td><td>帮助完成</td><td>不能完成</td></tr>
<tr><td></td><td></td><td></td></tr>
</table>

拟定完成时间：	实际完成时间：

单训强度：□20分钟/天　　□40分钟/天　　□1小时/天　　□1小时以上/天

教学实施方式：□教师——孩子　　　　□教师——孩子——家长

序号	音像内容

要求：目标行为建立之后不少于3分钟的录像

教学内容

教师签字：

言语和语言能力培建记录

编号：SL29

阶段水平：掌握完整句	目标完成情况		
目标29：学习使用自我行为描述表达句式（如："我把××拿给××""我像妈妈这样爬"）	独立完成	帮助完成	不能完成

拟定完成时间：	实际完成时间：

单训强度：□20分钟/天　　□40分钟/天　　□1小时/天　　□1小时以上/天

教学实施方式：□教师——孩子　　　　□教师——孩子——家长

序号	音像内容

要求：目标行为建立之后不少于3分钟的录像

教学内容

教师签字：

言语和语言能力培建记录

编号： SL30

阶段水平：掌握完整句 目标 30：学习理解并回答选择问句（如："你是要香蕉，还是要苹果？"）	目标完成情况		
	独立完成	帮助完成	不能完成

拟定完成时间：	实际完成时间：

单训强度：□20 分钟/天　　□40 分钟/天　　□1 小时/天　　□1 小时以上/天

教学实施方式：□教师——孩子　　　　□教师——孩子——家长

序号	音像内容

要求：目标行为建立之后不少于 3 分钟的录像

教学内容

教师签字：

言语和语言能力培建记录

编号： SL31

阶段水平：掌握完整句 目标31：学习使用完整句式"谁在干什么?"描述他人行为	目标完成情况		
	独立 完成	帮助 完成	不能 完成

拟定完成时间：	实际完成时间：

单训强度：□20分钟/天　　□40分钟/天　　□1小时/天　　□1小时以上/天
教学实施方式：□教师——孩子　　　　□教师——孩子——家长

序号	音像内容

要求：目标行为建立之后不少于3分钟的录像

教学内容

教师签字：

言语和语言能力培建记录

编号：SL32

<table>
<tr>
<td rowspan="2">阶段水平：掌握主体语法
目标32：学习使用"主–谓–定–宾"句式（如：某人有怎样的某物）进行表述</td>
<td colspan="3" align="center">目标完成情况</td>
</tr>
<tr>
<td>独立
完成</td>
<td>帮助
完成</td>
<td>不能
完成</td>
</tr>
<tr>
<td colspan="4">拟定完成时间：   实际完成时间：</td>
</tr>
<tr>
<td colspan="4">单训强度：□20分钟/天   □40分钟/天   □1小时/天   □1小时以上/天</td>
</tr>
<tr>
<td colspan="4">教学实施方式：□教师——孩子   □教师——孩子——家长</td>
</tr>
<tr>
<td>序号</td>
<td colspan="3" align="center">音 像 内 容</td>
</tr>
<tr>
<td colspan="4" style="height:400px;"></td>
</tr>
<tr>
<td colspan="4">要求：目标行为建立之后不少于3分钟的录像</td>
</tr>
</table>

教学内容

教师签字:

言语和语言能力培建记录

编号：SL33

<table>
<tr><td colspan="2" rowspan="2">阶段水平：掌握主体语法
目标33：学习使用"定－主－谓－宾"句式（如：怎样的某人做什么）进行表述</td><td colspan="3">目标完成情况</td></tr>
<tr><td>独立完成</td><td>帮助完成</td><td>不能完成</td></tr>
<tr><td colspan="2"></td><td></td><td></td><td></td></tr>
<tr><td colspan="5">拟定完成时间：　　　　　　　　实际完成时间：</td></tr>
<tr><td colspan="5">单训强度：□20分钟/天　　□40分钟/天　　□1小时/天　　□1小时以上/天</td></tr>
<tr><td colspan="5">教学实施方式：□教师——孩子　　　　□教师——孩子——家长</td></tr>
<tr><td>序号</td><td colspan="4">音像内容</td></tr>
<tr><td></td><td colspan="4"></td></tr>
<tr><td colspan="5">要求：目标行为建立之后不少于3分钟的录像</td></tr>
</table>

教学内容

教师签字：

言语和语言能力培建记录

编号：SL34

阶段水平：掌握主体语法	目标完成情况		
	独立完成	帮助完成	不能完成
目标 34：学习使用"定－主－谓－定－宾"句式（如：怎样的某物给怎样的某人）进行表述			

拟定完成时间：	实际完成时间：

单训强度：□20 分钟/天　　□40 分钟/天　　□1 小时/天　　□1 小时以上/天

教学实施方式：□教师——孩子　　　　□教师——孩子——家长

序号	音像内容

要求：目标行为建立之后不少于 3 分钟的录像

教学内容

教师签字：

言语和语言能力培建记录

编号： SL35

<table>
<tr><td colspan="2" rowspan="2">

阶段水平： 掌握主体语法
目标35： 学习使用介词（从、到、在、用、为、向）结构的表述句式（如：某人到某处去）</td><td colspan="3">目标完成情况</td></tr>
<tr><td>独立完成</td><td>帮助完成</td><td>不能完成</td></tr>
<tr><td colspan="2"></td><td></td><td></td><td></td></tr>
<tr><td colspan="5">拟定完成时间：　　　　　　　实际完成时间：</td></tr>
<tr><td colspan="5">单训强度：□20分钟/天　　□40分钟/天　　□1小时/天　　□1小时以上/天</td></tr>
<tr><td colspan="5">教学实施方式：□教师——孩子　　　　□教师——孩子——家长</td></tr>
<tr><td colspan="2">序号</td><td colspan="3">音像内容</td></tr>
<tr><td colspan="2"></td><td colspan="3"></td></tr>
<tr><td colspan="5">要求：目标行为建立之后不少于3分钟的录像</td></tr>
</table>

教学内容

教师签字：

言语和语言能力培建记录

编号： SL36

阶段水平：掌握主体语法 目标 36：学习描述事物的外部关系（位置关系、从属关系）	目标完成情况		
	独立完成	帮助完成	不能完成

拟定完成时间：	实际完成时间：

单训强度：□20 分钟/天　　□40 分钟/天　　□1 小时/天　　□1 小时以上/天

教学实施方式：□教师——孩子　　　　□教师——孩子——家长

序号	音　像　内　容

要求： 目标行为建立之后不少于 3 分钟的录像

教学内容

教师签字：

言语和语言能力培建记录

编号：SL37

阶段水平：掌握主体语法 目标37：学习描述人与人之间的关系，如："某人是某人什么（称谓）"的句子	目标完成情况		
	独立完成	帮助完成	不能完成

拟定完成时间：	实际完成时间：

单训强度：☐20分钟/天　　☐40分钟/天　　☐1小时/天　　☐1小时以上/天

教学实施方式：☐教师——孩子　　　　☐教师——孩子——家长

序号	音像内容

要求：目标行为建立之后不少于3分钟的录像

教学内容

教师签字：

言语和语言能力培建记录

编号：SL38

阶段水平：掌握主体语法 目标38：能够进行言语跟踪（教师任意说 2、3 句 10 个字以上的句子，每说完一句，让孩子立即复述出来）	目标完成情况		
	独立完成	帮助完成	不能完成

拟定完成时间：	实际完成时间：

单训强度：□20 分钟/天　　□40 分钟/天　　□1 小时/天　　□1 小时以上/天

教学实施方式：□教师——孩子　　　　□教师——孩子——家长

序号	音 像 内 容

要求：目标行为建立之后不少于 3 分钟的录像

教学内容

教师签字：

言语和语言能力培建记录

编号：SL39

阶段水平：掌握主体语法 目标 39：能够根据上下文理解代词的意义	目标完成情况		
	独立 完成	帮助 完成	不能 完成

拟定完成时间：	实际完成时间：

单训强度：□20 分钟/天　　□40 分钟/天　　□1 小时/天　　□1 小时以上/天
教学实施方式：□教师——孩子　　　　□教师——孩子——家长

序号	音 像 内 容

要求：目标行为建立之后不少于 3 分钟的录像

教学内容

教师签字：

言语和语言能力培建记录

编号： SL40

<table>
<tr><td colspan="2" rowspan="2">阶段水平：掌握主体语法
目标 40：学会使用简单的关联词（和、然后、一边……一边……）（如：某人和某人一起做什么）</td><td colspan="3">目标完成情况</td></tr>
<tr><td>独立完成</td><td>帮助完成</td><td>不能完成</td></tr>
<tr><td colspan="2"></td><td></td><td></td><td></td></tr>
<tr><td colspan="5">拟定完成时间：　　　　　　　　　实际完成时间：</td></tr>
<tr><td colspan="5">单训强度：□20 分钟/天　　□40 分钟/天　　□1 小时/天　　□1 小时以上/天</td></tr>
<tr><td colspan="5">教学实施方式：□教师——孩子　　　　□教师——孩子——家长</td></tr>
<tr><td colspan="2">序号</td><td colspan="3">音像内容</td></tr>
<tr><td colspan="2"></td><td colspan="3"></td></tr>
<tr><td colspan="5">要求：目标行为建立之后不少于 3 分钟的录像</td></tr>
</table>

教学内容

教师签字：

言语和语言能力培建记录

编号：SL41 **阶段水平**：掌握主体语法 **目标** 41：能够根据言语描述进行判断，并用言语评价所描述的行为正确与否	目标完成情况		
	独立完成	帮助完成	不能完成

拟定完成时间：	实际完成时间：

单训强度：□20 分钟/天　　□40 分钟/天　　□1 小时/天　　□1 小时以上/天

教学实施方式：□教师——孩子　　　　□教师——孩子——家长

序号	音 像 内 容

要求：目标行为建立之后不少于 3 分钟的录像

教学内容

教师签字：

言语和语言能力培建记录

编号： SL42

阶段水平：掌握主体语法 目标 42：能够用成人给出的字组成一个词	目标完成情况		
	独立 完成	帮助 完成	不能 完成

拟定完成时间：	实际完成时间：

单训强度：□20 分钟/天　　□40 分钟/天　　□1 小时/天　　□1 小时以上/天

教学实施方式：□教师——孩子　　　□教师——孩子——家长

序号	音 像 内 容

要求： 目标行为建立之后不少于 3 分钟的录像

教学内容

教师签字：

言语和语言能力培建记录

编号： SL43

阶段水平：掌握主体语法 目标43：能够根据示范使用表示并列、承接、递进、选择关系的连词模仿造句	目标完成情况		
	独立完成	帮助完成	不能完成

拟定完成时间：	实际完成时间：

单训强度：□20分钟/天　　□40分钟/天　　□1小时/天　　□1小时以上/天

教学实施方式：□教师——孩子　　　　□教师——孩子——家长

序号	音像内容

要求：目标行为建立之后不少于3分钟的录像

教学内容

教师签字：

言语和语言能力培建记录

编号： SL44

阶段水平：自我言语	目标完成情况		
目标44： 能够结合具体场景根据成人的言语示范造出含有方位名词（上、下、中、前、后、里、外、内、旁等）的新句子	独立完成	帮助完成	不能完成

拟定完成时间： 实际完成时间：

单训强度：□20分钟/天　　□40分钟/天　　□1小时/天　　□1小时以上/天

教学实施方式：□教师——孩子　　　□教师——孩子——家长

序号	音像内容

要求：目标行为建立之后不少于3分钟的录像

教学内容

教师签字:

言语和语言能力培建记录

编号：SL45

<table>
<tr>
<td colspan="2" rowspan="2">

阶段水平：自我言语

目标 45：学习并使用时间词汇（明天、昨天、今天、星期、年、早上、晚上、中午等）进行言语表达

</td>
<td colspan="3">目标完成情况</td>
</tr>
<tr>
<td>独立完成</td>
<td>帮助完成</td>
<td>不能完成</td>
</tr>
<tr>
<td colspan="5"></td>
</tr>
</table>

拟定完成时间：	实际完成时间：

单训强度：□20 分钟/天　　□40 分钟/天　　□1 小时/天　　□1 小时以上/天

教学实施方式：□教师——孩子　　　　□教师——孩子——家长

序号	音 像 内 容

要求：目标行为建立之后不少于 3 分钟的录像

教学内容

教师签字：

言语和语言能力培建记录

编号： SL46

阶段水平：自我言语 目标46：能够使用基本量词（如个、只、张、头、件、条、把、颗等），表述某人有一个某物	目标完成情况		
	独立完成	帮助完成	不能完成

拟定完成时间：	实际完成时间：

单训强度：□20分钟/天　　□40分钟/天　　□1小时/天　　□1小时以上/天

教学实施方式：□教师——孩子　　　　□教师——孩子——家长

序号	音像内容

要求：目标行为建立之后不少于3分钟的录像

教学内容

教师签字：

言语和语言能力培建记录

编号： SL47

<table>
<tr><td colspan="2" rowspan="2">阶段水平：自我言语
目标 47：会使用较为复杂的连动句式表述（例如：某人看到某物怎样）</td><td colspan="3" align="center">目标完成情况</td></tr>
<tr><td>独立
完成</td><td>帮助
完成</td><td>不能
完成</td></tr>
<tr><td colspan="5">　</td></tr>
<tr><td colspan="5">拟定完成时间：　　　　　　　　实际完成时间：</td></tr>
<tr><td colspan="5">单训强度：□20 分钟/天　　□40 分钟/天　　□1 小时/天　　□1 小时以上/天</td></tr>
<tr><td colspan="5">教学实施方式：□教师——孩子　　　　□教师——孩子——家长</td></tr>
</table>

序号	音像内容

要求： 目标行为建立之后不少于 3 分钟的录像

教学内容

教师签字：

言语和语言能力培建记录

编号： SL48

阶段水平：自我言语 目标 48：能够结合具体场景，根据成人的言语示范，模仿造出含有兼语句式的新句子（如：某人叫某人做某事）	目标完成情况		
	独立完成	帮助完成	不能完成

拟定完成时间：	实际完成时间：

单训强度：□20 分钟/天　　□40 分钟/天　　□1 小时/天　　□1 小时以上/天

教学实施方式：□教师——孩子　　　　□教师——孩子——家长

序号	音像内容

要求：目标行为建立之后不少于 3 分钟的录像

教学内容

教师签字：

言语和语言能力培建记录

编号： SL49

阶段水平：自我言语 目标49：能够结合具体场景，根据成人的言语示范，模仿造出含有被动句式的新句子	目标完成情况		
	独立完成	帮助完成	不能完成

拟定完成时间：	实际完成时间：

单训强度：□20分钟/天　　□40分钟/天　　□1小时/天　　□1小时以上/天

教学实施方式：□教师——孩子　　　□教师——孩子——家长

序号	音像内容

要求：目标行为建立之后不少于3分钟的录像

教学内容

教师签字：

言语和语言能力培建记录

编号：SL50

阶段水平：自我言语 目标50：能够结合具体情景，摆出的问题，回答怎么办，即说出解决问题的办法	目标完成情况		
	独立完成	帮助完成	不能完成

拟定完成时间： 实际完成时间：
单训强度：□20分钟/天　　□40分钟/天　　□1小时/天　　□1小时以上/天
教学实施方式：□教师——孩子　　　　□教师——孩子——家长

序号	音像内容

要求：目标行为建立之后不少于3分钟的录像

教学内容

教师签字：

言语和语言能力培建记录

编号： SL51

阶段水平：综合语言能力发展 目标 51：事物描述 ● 能够用恰当的语言描述事物的外部特征 ● 能够有目的、有条理、有顺序、有主次地描述活动的发展过程 ● 能够在理解的基础上，使用正确的语言描述物品的功用 ● 能够用准确的语言描述他人或自己的情感	目标完成情况		
	独立完成	帮助完成	不能完成

拟定完成时间：	实际完成时间：

单训强度：□20 分钟/天　　□40 分钟/天　　□1 小时/天　　□1 小时以上/天

教学实施方式：□教师——孩子　　　　□教师——孩子——家长

序号	音像内容

要求：目标行为建立之后不少于 3 分钟的录像

教学内容

教师签字：

言语和语言能力培建记录

编号： SL52

阶段水平：综合语言能力发展 **目标** 52：类比描述 ● 能够用语言进行同质物品的比较描述 ● 能够用语言进行异质物品的比较描述 ● 能够用语言描述比较后发现的缺少或改变的内容	目标完成情况		
	独立完成	帮助完成	不能完成

拟定完成时间：	实际完成时间：

单训强度：□20 分钟/天　　□40 分钟/天　　□1 小时/天　　□1 小时以上/天

教学实施方式：□教师——孩子　　　　□教师——孩子——家长

序号	音像内容

要求：目标行为建立之后不少于 3 分钟的录像

教学内容

教师签字：

言语和语言能力培建记录

编号：SL53

<table>
<tr><td colspan="2">阶段水平：综合语言能力发展
目标 53：事物发生原因与发展顺序描述
● 能够用"因为…所以…"句式回答"果因"或"因果"问题
● 能够按某种规律（时间、地点、逻辑关系）与用语言描述事物的发展顺序</td><td colspan="3">目标完成情况</td></tr>
<tr><td colspan="2"></td><td>独立
完成</td><td>帮助
完成</td><td>不能
完成</td></tr>
<tr><td colspan="2"></td><td></td><td></td><td></td></tr>
<tr><td colspan="5">拟定完成时间：　　　　　　　　　　实际完成时间：</td></tr>
<tr><td colspan="5">单训强度：□20 分钟/天　　□40 分钟/天　　□1 小时/天　　□1 小时以上/天</td></tr>
<tr><td colspan="5">教学实施方式：□教师——孩子　　　　□教师——孩子——家长</td></tr>
<tr><td>序号</td><td colspan="4">音像内容</td></tr>
<tr><td></td><td colspan="4"></td></tr>
<tr><td colspan="5">要求：目标行为建立之后不少于 3 分钟的录像</td></tr>
</table>

教学内容

教师签字：

言语和语言能力培建记录

编号： SL54

<table>
<tr><td colspan="2">

阶段水平： 综合语言能力发展
目标 54： 单字组词
● 联合式组词
● 偏正式组词

</td><td colspan="3">目标完成情况</td></tr>
<tr><td colspan="2"></td><td>独立
完成</td><td>帮助
完成</td><td>不能
完成</td></tr>
<tr><td colspan="2"></td><td></td><td></td><td></td></tr>
<tr><td colspan="5">拟定完成时间：　　　　　　　　　实际完成时间：</td></tr>
<tr><td colspan="5">单训强度：□20 分钟/天　　□40 分钟/天　　□1 小时/天　　□1 小时以上/天</td></tr>
<tr><td colspan="5">教学实施方式：□教师——孩子　　　　□教师——孩子——家长</td></tr>
<tr><td>序号</td><td colspan="4">音　像　内　容</td></tr>
<tr><td></td><td colspan="4"></td></tr>
<tr><td colspan="5">要求：目标行为建立之后不少于 3 分钟的录像</td></tr>
</table>

教学内容

教师签字：

言语和语言能力培建记录

编号：SL55

阶段水平：综合语言能力发展 **目标 55**：口头造句 ● 用量词造句 ● 用连词造句 ● 利用两个或更多的无关联的字词造句	目标完成情况		
	独立完成	帮助完成	不能完成

拟定完成时间：	实际完成时间：

单训强度：□20 分钟/天　　□40 分钟/天　　□1 小时/天　　□1 小时以上/天

教学实施方式：□教师——孩子　　　　□教师——孩子——家长

序号	音像内容

要求：目标行为建立之后不少于 3 分钟的录像

教学内容

教师签字:

言语和语言能力培建记录

编号： SL56

阶段水平：综合语言能力发展 目标 56：说同义词、反义词、句子 ● 说出反义词 ● 说出同义词 ● 说出反义句 ● 说出同义句 ● 用几句不同的话表达同一个意思	目标完成情况		
	独立完成	帮助完成	不能完成

拟定完成时间：	实际完成时间：

单训强度：□20 分钟/天　　□40 分钟/天　　□1 小时/天　　□1 小时以上/天

教学实施方式：□教师——孩子　　　　□教师——孩子——家长

序号	音像内容

要求：目标行为建立之后不少于 3 分钟的录像

教学内容

教师签字：

言语和语言能力培建记录

编号： SL57

<table>
<tr><td colspan="2">

阶段水平： 综合语言能力发展

目标 57： 理解标题与内容的关系
- 给故事选标题
- 给故事加开头
- 给故事加结尾

</td><td colspan="3">

目标完成情况

</td></tr>
<tr><td colspan="2"></td><td>独立完成</td><td>帮助完成</td><td>不能完成</td></tr>
<tr><td colspan="2"></td><td></td><td></td><td></td></tr>
<tr><td colspan="5">拟定完成时间：　　　　　　　　实际完成时间：</td></tr>
<tr><td colspan="5">单训强度：□20分钟/天　　□40分钟/天　　□1小时/天　　□1小时以上/天</td></tr>
<tr><td colspan="5">教学实施方式：□教师——孩子　　　　□教师——孩子——家长</td></tr>
<tr><td>序号</td><td colspan="4" align="center">音　像　内　容</td></tr>
<tr><td></td><td colspan="4"></td></tr>
<tr><td colspan="5">要求：目标行为建立之后不少于3分钟的录像</td></tr>
</table>

教学内容

教师签字：

言语和语言能力培建记录

编号：SL58

阶段水平：综合语言能力发展 **目标 58**：对事物发展的必然性和可能性进行判断、描述 ● 正确地从别人的言语中判断、描述事物发展的必然性 ● 正确地从别人的言语中判断、描述事物发展的可能性	目标完成情况		
	独立完成	帮助完成	不能完成

拟定完成时间：	实际完成时间：

单训强度：□20 分钟/天　　□40 分钟/天　　□1 小时/天　　□1 小时以上/天

教学实施方式：□教师——孩子　　　　□教师——孩子——家长

序号	音像内容

要求：目标行为建立之后不少于 3 分钟的录像

教学内容

教师签字：

言语和语言能力培建记录

编号：SL59

阶段水平：综合语言能力发展 **目标 59**：掌握不同层次概念 ● 概念分类 ● 概念从属	目标完成情况		
	独立 完成	帮助 完成	不能 完成

拟定完成时间：　　　　　　　　实际完成时间：

单训强度：□20 分钟/天　　□40 分钟/天　　□1 小时/天　　□1 小时以上/天

教学实施方式：□教师——孩子　　　　□教师——孩子——家长

序号	音像内容

要求：目标行为建立之后不少于 3 分钟的录像

教学内容

教师签字：

言语和语言能力培建记录

编号：SL60

阶段水平：综合语言能力发展	目标完成情况		
目标 60：理解言外之意 ● 对成语、谚语含义的理解与释义表述 ● 对寓言故事的理解与释义表述 ● 对笑话、幽默的理解与释义表述 ● 填充、完整句子	独立完成	帮助完成	不能完成

拟定完成时间：	实际完成时间：

单训强度：□20分钟/天　　□40分钟/天　　□1小时/天　　□1小时以上/天

教学实施方式：□教师——孩子　　　　□教师——孩子——家长

序号	音像内容

要求：目标行为建立之后不少于3分钟的录像

教学内容

教师签字:

言语和语言能力培建记录

编号：SL61

阶段水平：综合语言能力发展 **目标61**：言语逻辑推理 ● 根据描述找出错误的表述，并说明理由 ● 根据描述找出正确的关系 ● 根据逻辑关系表述，得出正确结论	目标完成情况		
	独立完成	帮助完成	不能完成

拟定完成时间：	实际完成时间：

单训强度：□20分钟/天　　□40分钟/天　　□1小时/天　　□1小时以上/天

教学实施方式：□教师——孩子　　　　□教师——孩子——家长

序号	音像内容

要求：目标行为建立之后不少于3分钟的录像

教学内容

教师签字：

言语和语言能力培建记录

编号： SL62

阶段水平：综合语言能力发展 **目标 62**：语言组织与表达 ● 看图作文 ● 续编故事 ● 改编故事 ● 创编故事	目标完成情况		
	独立完成	帮助完成	不能完成

拟定完成时间：	实际完成时间：

单训强度：□20分钟/天　　□40分钟/天　　□1小时/天　　□1小时以上/天

教学实施方式：□教师——孩子　　　　□教师——孩子——家长

序号	音 像 内 容

要求：目标行为建立之后不少于3分钟的录像

教学内容

教师签字:

儿童认知与语言发展年龄阶段特点参考资料

一、认知发展

（一）注意的发展

- 1岁儿童注意看一个玩具的时间仅能维持两秒钟。
- 2岁儿童能注意集中地玩一玩具的时间可持续8秒以上。
- 3-5岁儿童能专注地从头到尾看完他们能理解的节目。
- 4-6岁幼儿对电视节目中的重要信息很敏感，看完节目后能回忆起重要的情节内容，对不重要的部分往往记不起来。
- 5-6岁儿童在自由活动中的注意稳定性，能维持注意一个单独活动的平均时间大约是7分钟。
- 6岁以下的儿童往往专注于视觉形象，6岁以上的儿童不仅对视觉形象感兴趣，同时能注意接受听觉方面的刺激信息。
- 学前末期的儿童计划自己注意目标的能力也只是刚刚发展，还不太会运用注意的策略指导自己的观察活动。

（二）记忆能力发展

- 2岁儿童已开始会认自己的家门，认自己的房间，知道在房间里的什么地方找到自己想要的东西，再大一点的儿童开始学会认路。
- 3-4岁儿童知道出了家门如何走到附近的幼儿园，但要幼儿将自己熟悉的从家到幼儿园的路线画出来则十分困难，甚至是不能完成的任务。
- 4岁的幼儿能使用一些最简单的记忆策略。
- 4岁儿童会利用"位置"来帮助记忆，如：幼儿会将藏有巧克力的盒子统统放在桌子的一边，而将藏有别针的盒子统统放在桌子的另一边。

（三）元认知的发展

- 3岁儿童开始逐渐形成一种关于心理功能的"观点—愿望"理论，即逐渐认识到一个人的行动是由他内心的观点和愿望支配的，如：一个孩子饿了会打开冰箱找食物。
- 3岁儿童逐渐认识到自己或别人的观点和愿望的关系，以及观点与行动及行动结果的关系，学会区分自己和别人的观点和愿望。
- 大约3岁左右，幼儿能认识思维与其他心理活动的区别，如：幼儿知道"想"是头脑内部进行的活动，一个人能想那些当时没有看见的、接触的或谈论的事物。

- 幼儿认识到思维和现实的区别，如：幼儿知道一个人的思想是看不见、摸不着的；他们也认识到一个人头脑中关于客观事物的表象是现实世界中存在的这些事物的映象（"好像照片一样"）。
- 3-4岁的幼儿认识到某些因素可能会影响人的心理活动，如：幼儿知道各种噪音、对任务不感兴趣、心里想着别的事情等会妨碍人集中注意从事当前的活动。
- 3岁幼儿还不能将自己的观点和别人的观点区分开来，从而把自己的看法施加于别人。
- 3岁幼儿往往不能将自己的现时的观点和过去的观点区分开来，如：向幼儿展示一个糖果盒，问幼儿："里面装些什么？"因为幼儿过去见过这类糖果盒，他会不假思索地回答说："糖块。"成人打开盒子给他看，出乎他的意料，里面装的都有是一些铅笔。成人接着问他："刚才还没打开盒子，你以为里面装的是什么呢？"3岁的幼儿往往回答说："铅笔。"他已不记得他曾经相信里面装的是糖块，这时成人出示一只玩具加菲猫，对幼儿说："这里有一只加菲猫，它以前没见过这只盒子，也不知道里面装的是什么，它以为里面装的是什么呢？"幼儿回答说："铅笔。"就是说他不能将不同的主体在不同时间接受的信息区分开来，自己知道的东西误认为别人也知道。
- 3-5岁幼儿能认识到只有人或许某些动物能思考，而石头不能思考；他们还认识到思维的内容可能是自己想象的产物；他们能将"想"从知觉运动活动如"看、动、感受到"等区别开来，他们能懂得"想"（思考）和"知道"的区别，如一个人可以知道某件事（如午餐的饭盒里装着好吃的东西），但你现在不一定会去想它。
- 4岁左右幼儿懂得观点与现实的区别，因而某人可能持有"错误的观点"，如认为某个物品藏在某个地方而实际上并不在这个地方，幼儿经常会和成人开一些小玩笑，如故意改变物品存放的位置，使成人找不到；已开始懂得认知任务跟随认知作业成绩的关系，如4岁幼儿也知道要求记忆的项目越多就越难记，要记住5个物品的名称就比记住10个物品的名称容易，他们也知道，对一些比较困难的任务，如果做出努力也能获得成功，许多学前儿童认识到，过去学过的东西现在忘了，重新捡起来复习记忆比第一次学时容易得多，他们也认识到，再认过去看过的刺激项目比回忆这些项目容易得多。
- 5岁学前儿童认识自己和别人的心理活动的能力要比过去成人估计得要高，但他们的心理理论还不成熟，还有待于发展，如：他们还不认识某些心理状态之间的细微差别，当问5岁以下的幼儿"知道"和"忘记"两者有什么不同时，他们往往回答不出来，又如：幼儿认为只有亲眼直接见过的事情才能认识，而不懂得心理的推理也是知识的一个重要来源；5岁学前儿童不知道一个人在等候或不能做什么事的时候，也继续在思考，他们甚至认为如果一个人没有明显的外部迹象表明他正在思考，那么他的心理活动也就停止了。
- 5岁学前儿童已开始会运用一些外部手段来帮助记忆，如一个5岁的幼儿怕她妈妈第二天早上忘了把她送给幼儿园的图书带上，睡觉前她会把图书放在显眼的地方；当她妈妈在写去商店购物的清单时，她会提醒妈妈把自己要的物品写上。
- 5岁学前儿童往往还不能正确估计自己的认知能力，特别是记忆能力，如：要他们背一首儿歌，或记一组图片实物，他们学几遍后，马上说："已经记住了。"实际上他们还没有记住，也就是说，年幼的儿童往往高估自己的记忆能力。
- 5岁以下学前儿童对任务的知识还非常有限，如：只有年龄较大的儿童才能认识到用自己的话复述一个故事比逐字逐句地按原样复述故事容易得多。

（四）问题解决能力的发展

- 年龄较小的学前儿童也能解决简单的类比推理任务。如一个仅2岁的幼儿手中玩一个玩具，这个玩具有许多不同颜色的小门，要打开这些小门，就必须用与门的颜色相匹配的钥匙：黄钥匙开黄门，红钥匙开红门……幼儿发现了一把额外的白色钥匙，他问父母："白色的门在哪儿呢？"也就是说，幼儿能抽象出门和钥匙的颜色必须相同这一关系，并进行类比推理：白钥匙必须配白门。
- 部分5岁儿童能通过成人的暗示回忆听过的故事，联想到解决问题的办法，这表明，幼儿不是没有能力运用类比推理，而是不能回忆听到过的有关信息，并利用这些信息来完成当前问题。

（五）自控能力的发展

- 儿童在1岁的时候，成人会吩咐他做什么或不准他做什么，这些吩咐和指令通常十分简短、明确，也不做任何解释，因为学步儿童理解能力较差，较为复杂的语言指示就理解不了或不容易记住。
- 1-2岁儿童还没有表现出明显的抗拒引诱和延迟满足的能力，如一个1岁1个月的儿童去拿盘子里的食物，手已经伸出去了又缩回来，一边摇着头一边说："不能拿"。
- 1.5-3岁儿童的行为是受别人的外部的（或出声的）言语调节的，如：成人经常吩咐儿童干这干那，不许干这干那等，儿童也逐渐学会遵从成人的吩咐、要求，这称为"别人－外部"的调节。
- 2-3岁时儿童的自控能力有了明显的进步，如：成人对一些2岁幼儿说："盒子里装的是小甜饼，但你现在不能吃，要听到我哨子一吹，你才能拿出来吃"。孩子等待的时限是从几秒到50秒钟范围内变化；当这些幼儿到2.5岁时又重复了这一次，儿童抑制并推迟执行的能力有了明显进步，如：能等到50秒钟过后听了哨音才去动食物的儿童数量是2岁儿童的两倍。
- 3-4.5岁儿童已开始能用自己的言语对行为发出各种"指令"，监督和调节自己的行为，但在性质上这种语言仍是外部说出的言语，如：儿童会对自己的行为发出指令："我现在就去拿"，"我现在搭积木"等，这称为"自我－外部"调节。
- 大多数年龄小于5岁的儿童还没有掌握有效的延缓策略，他们往往把注意力集中于他们想取得，但目前还得不到的东西上，倾向于要按终止等待的信号。
- 少数4-5岁儿童能运用许多分心的策略，而不去碰终止等待的信号，如：有的儿童会小声地唱起歌来，有的把头藏在手臂里，有的用脚敲打地板等。
- 4岁以上儿童执行调节的言语仍然是自我发出的，但其性质已发生了变化，即由外部的出声言语变成内部言语，儿童借助内部言语进行思考，做出决定，并调节自己的行为，进而执行，这称为"自我—内部"调节。
- 5-6岁幼儿已具有一定的动机作用，并初步具有抵制外界诱惑的能力，比3-4岁幼儿更能实现自控行为。
- 年龄较大的5-6岁儿童已懂得将要获得的报酬盖起来，而不使它们成为一种看得见的诱惑，让等待变得容易一些。

（六）类别关系的发展

- 1岁多的儿童已开始发展了类别的概念，如：他们把挂在客厅上的灯叫做"灯"，把书桌上的台灯也叫做"灯"，他们已学会将同类的事物用一个词来标志，并知道一个词代表某一类的事物。
- 2-3岁的幼儿会口头计数，他们喜欢唱"一、二、三、四、五，上山打老虎……"但他们会唱数，并不等于他们已理解数量。
- 幼儿最先发展的是按基本类别分类的能力，如3-4岁幼儿已懂得把不同大小、款式的鞋子称为"鞋子"，但幼儿对如家具、交通工具等上级类别的认知较为困难。
- 幼儿的知识结构也是像成人一样按层次等级结构的类别形式组织起来的，如：我们会说"这条狗饿了"而不会说"汽车饿了"，3岁儿童也具有这一知识结构。
- 3-4岁幼儿已能按基本类别标准分类，按上级类别标准的分类能力也在发展中，如3-4岁幼儿展示四张图片：方桌、折叠椅、小猴、长臂猴，让幼儿将相同的归成一组，幼儿都能分成："方桌、折叠椅"和"小猴、长臂猴"两组。
- 3-4岁儿童对家具类的类别关系还不能从概念上认识。
- 给3岁幼儿一些长短不同的小棍，他们一般还不会将小棍排序。
- 4岁儿童不理会问题中关于整体与部分比的要求，幼儿不能摆脱知觉现象的束缚，把整体从个别中抽象出来。
- 给4岁幼儿一些长短不同的小棍，他们可以排列3个。
- 大部分5-6岁儿童能在直观水平上将类和子类相比较，儿童在入学后（7岁）才能在抽象水平上将类和子类做比较。
- 给5岁幼儿一些长短不同的小棍，他们能排列5个以上。如不经过启发，绝大多数5-6岁儿童则连简单的数列问题也不能回答。

（七）数概念的发展

- 一两岁的幼儿已具有关于数量的模糊概念，如：两个苹果，知道哪个大，哪个小；一粒糖果和一堆糖果，知道一堆糖果较多等。
- 3岁幼儿已能口头数10以内的数。
- 3岁儿童对于序数没有"第四"的概念。
- 幼儿排序的能力较差，3岁儿童一般不会排列5根长短不同的短棍。
- 3-4岁儿童一般还不会排列画有1-10个圆点的10张卡片。
- 4岁儿童按数取物的成绩平均在5以内。
- 4-5岁儿童按数取物的方式大部分为逐一点数取物。
- 约有三分之一的4岁儿童对于序数能正确指出"第五"。
- 4岁和5岁儿童对基数的认知成绩明显优于对序数的认知。
- 4岁儿童可以将5根不同长短的小棍排列出3根左右。
- 5岁儿童按数取物的成绩平均在15以内。
- 约有三分之一的5岁儿童对于序数能指出"第十四"。
- 5岁儿童可以将5根不同长短的短棍进行排列。

- 5岁儿童排列画有1-10个圆点的10张卡片的数目平均不超过5张。
- 6岁儿童按数取物的成绩平均在30以内。
- 6岁儿童按数取物的方式已能两个两个或五个五个地按群计数,按要求的数量取物。
- 约有半数的6-7岁儿童对于序数能掌握到"第二十"。
- 6岁儿童对基数和序数的认知成绩趋于一致。

(八) 运算能力的发展

- 一般3岁半以前的幼儿还不懂得操作实物进行运算,他们不会自己动手将实物合拢或分开,取走作加减运算,他们需要成人的帮助和演示。
- 4岁儿童一般能用动作对5以内或10以内的物体作加减运算。但他们采取的是逐一加减的计数方法,如在加法运算中,向儿童提供数量分别为2和4的两堆扣子,问:总共有多少扣子?幼儿懂得将两堆扣子(加数、被加数)连起来,用手指从头,一个一个地逐一点数,然后说出总数是6;在减法运算中,问儿童:这里有5个苹果,小明吃掉2个,还剩下几个?儿童也必须把减掉的部分先拿走,然后用手指逐一点数剩下的部分得出差数,这一水平的儿童在做实物运算时离不开动作和对实物的直接感知,还不懂得按群计数,即数群概念还没发展起来,表现出"直觉行动思维"阶段的特点。
- 4岁以后的幼儿有的能将两堆实物(加数、被加数)合拢起来,然后两个两个或五个五个地按群计数,有的幼儿不用点数实物,而是在头脑中默数,在表象中将两堆实物合拢或分解进行加减运算,表现出"具体形象"阶段的思维特点,表象运算开始脱离了对实物的动作操作,是智力内化的开始。
- 4-5岁儿童一般能进行10以内的实物加减。
- 4岁儿童大部分处于不能解决问题或答案错误水平,少数儿童处于动作操作水平。
- 对于同一年龄的4-5岁儿童,数字运算能力低于表象运算能力。
- 4岁儿童中能通过3以内表象运算的占62%,通过3以内数字运算的占54%。
- 5岁儿童约有半数达到动作操作水平。
- 5岁儿童中能通过10以内表象运算的占29%,通过10以内数字运算的占54%。
- 6岁儿童一半左右表象操作水平占优势,少数的儿童能达到抽象数字运算水平,但也有少数儿童还处于不能解决问题或答案错误的水平和动作操作水平。
- 6岁儿童通过表象运算的占63%,通过数字运算的占71%,对数目较大的数如10或20,用直观方式呈现比用表象方式呈现更容易为6岁儿童所把握。

(九) 数概念和运算能力的发展

- 3岁儿童处在数概念的发生阶段,即对数量的动作感知阶段,他们还不能顺利进行计数活动,其特点为:对大小、多少的笼统感知,对明显的大小、多少的差别能区分,对不明显的差别只说:"这个大、这个小","两个都不多,合起来才多"等;会唱数,但范围一般不超过1-10;逐步学会口、手协调做小范围(不超过5)的点数(数实物),但点数后说不出物体的总数,只有个别儿童能做到伸出同样多的手指来比划。
- 4-5岁儿童处在数概念的形成阶段,即数词和物体数量间建立联系的阶段,但还不够稳定,这个阶段的特点为:点数后能说出物体总数,即有了最初的数群(集)的概念,这一阶段末开始出现数的守恒现象；这阶段前期的儿童能分辨大小、多少、一样多，中期能认识第几、前后顺序；能按数取物；逐步认识数与数之间的关系，如有数序的观念，能比较数目大小，能应用实物进行数的组成和分解；开始能做简单的实物运算。

● 给幼儿一张图（小兔子手里抱着几根萝卜），让幼儿说出小兔子手里有几根萝卜，4岁儿童大都表现出：说不出总数（说出错误总数）或逐一点数后说出总数，点数时伴随言语和手指动作，数词不能脱离实物，是一种外化水平的智力活动。

● 5岁以上的儿童已形成稳定的数概念，数的运算处于初期阶段，这一阶段的特点为：对10以内的数大多数能保持守恒；计算能力发展较快，大多数儿童从表象运算向抽象的数字运算过渡；序数概念、基数概念、运算能力的各个方面都有不同程度的扩展和加深，通过教学，一般到后期，儿童可以学会计数到100或100以上，并学会20以内的加减运算，个别幼儿可以做100以内的加减运算。

● 给5岁儿童出示一张图（小兔子手里抱着几根萝卜），问：小兔子手里有几根萝卜？他们大都表现出：逐一点数后说出总数，点数里伴随言语和手指动作，数词不能脱离实物或点数时数词脱离实物，能按群计数后说出总数。

● 给6岁儿童一张图（小兔子手里抱着几根萝卜），问：小兔子手里抱着几根萝卜？他们大都表现为：点数时数词脱离实物，能按群计数后说出总数或一看图就直接说出正确的总数，既无出声的言语活动，也无任何外显动作。

（十）空间认知能力的发展

● 2-3岁儿童对其周围经常见到的熟悉的物体已能辨认，也能认识一些简单的图形，如圆形和正方形，但对于复杂图形的知觉还很困难，还难以辨认两个图形的细微差别，尽管有些2-3岁的幼儿认识正方形，但如果把正方形偏转45°放在桌子上，再令儿童辨认时，由于经验的局限，他们还会感到为难。

● 2-3岁儿童会把小的盒子放在大盒子里面，玩"大套小"的游戏。

● 3岁儿童已能认识圆形、正方形、三角形。

● 3岁儿童懂得将正方形沿对角线对折可以变成两个三角形。

● 3-4岁儿童已有了距离知觉，如：幼儿懂得房子在树木的前面，它离人更近些；江面上的两只小船，大一点的船离人近些，小一点的船离人远些，但幼儿的距离知觉还有待提高。

● 3岁儿童仅能辨别上下方位。

● 3岁儿童最先掌握的是拓扑学的图形，即他们能分辨封闭图形和开放图形，如让他们模仿画一个三角形或正方形，他们往往画不出来，但会画一个封闭图形来表示，此时，幼儿能认识图形之间内与外，封闭与开放的差别。（皮亚杰）

● 4岁以前的儿童完全没有表现体积守恒的能力：同样体积的物体，只要位置和形状一改变，他们就认为大小（体积）不一样了，如用4块同样大小的立方体，每两块合成一个长方体，并排放置，告诉儿童这是两幢平房，让儿童比较这两幢房子的是不是一样大，当儿童确认它们是一样大后，把其中一幢房子的积木垒起来，变成"楼房"，儿童马上就认为不一样大了，有的说"楼房"大，因为它高，有的说"平房"大，因为它长，这就表现出幼儿思维的"单中心"性，即他们总是注意客体的一个方面而顾及不到其它方面的变化。

- 3 岁幼儿已萌发了解决三项系列问题的传递性推理能力。
- 3-6 岁儿童能解决五项系列的传递性推理问题。
- 4 岁儿童在 3 岁基础上又认识了长方形（矩形）、菱形、梯形、椭圆形。
- 4-5 岁幼儿懂得梯形可以分割成一个正方形（或矩形）和一二个三角形。
- 大多数 4 岁以前的儿童对"大小"一词的理解还有困难，他们不会回答"×××和×××哪个大"或"×××有多大"等问题。
- 4 岁儿童开始能辨别前后方向。
- 4 岁年龄段的儿童已开始萌发了空间方位传递性推理的能力，无论是在前后或上下方位推理任务中，其作业成绩有随年龄而增长的趋势。
- 4-6 岁幼儿还不能排除干扰因素的影响，不能摆脱感知觉的限制达到稳定的推理水平；幼儿对上下和前后两种不同空间方位的传递性推理能力发展又是不同的，前者优于后者。
- 5-6 岁儿童能认识圆柱体、立方体、正五边形、正六边形和平行四边形。
- 5 岁儿童开始能以自身为中心辨别左右方向，如辨别自己的左右手、左右脚。
- 儿童在 5 岁左右才能开始画正方形。（皮亚杰）
- 大部分 5-6 岁的儿童不能从抽象的逻辑关系做出正确的推理，而是从知觉印象做出判断的。
- 5 岁儿童已基本上具备解决三项系列问题的传递性推理能力。
- 6 岁幼儿在良好教育条件下，能将各种物品分解成各种基本几何图形及其组合。
- 6 岁儿童能达到完全正确地辨别上下前后四个方位的水平，以自身为中心的左右辨别还尚未发展完善。
- 6 岁幼儿空间表象的能力已有了很大的提高。
- 7-8 岁儿童能辨别对面人的左右手、左右脚。
- 10-11 岁儿童才能完全掌握左右概念的相对性。
- 儿童通常 7 岁半左右才能摆脱直接知觉印象的干扰，达到了面积守恒的理解。

（十一）测量概念的发展

- 3-4 岁幼儿通过日常经验的积累已发展了朴素的测量概念，如懂得比较两个或三个事物以确定哪个长些、哪个短些、哪个大些、哪个小些。
- 3-4 岁儿童处于对直方图所表达的数量关系的感知动作阶段，他们能学习在表格纸上应用实物图片按照不同的项目类别制作直方图，如用花的颜色作类别，则可剪出成 3 朵红花、2 朵白花和 4 朵黄花，把它们粘贴在表格纸上，制成含有 3 列不同颜色花的直方图，幼儿能直接感知哪种颜色的花最多，哪种颜色的花最少。
- 4 岁左右儿童仅依靠视觉来进行比较。
- 4-5 岁儿童处于数词同直方图表达实物数量建立联系的阶段，这阶段幼儿能按照指定的数目（限制在 10 以内）各取出不同类别的实物图片，通过手工剪贴活动，在表格纸上制作用实物表示的直方图，如 2 个圆形占 2 格，4 个长方形占 4 格，5 个三角形占 5 格，1 个正方形占 1 格等，制成含有 4 列图形的数量，并能比较各类图形的数量多少。
- 5-6 岁儿童处于项目类别代码与直方图表达的实物数量建立联系的阶段，这阶段的幼儿已懂得实物的类虽可以用代码来表示，如一个圆形可以在表格上涂上一格红色来表示，这样能制作出以颜色所占的格子数目，代表着该类实物的数量。
- 6岁左右儿童属于过渡阶段，他们开始采用了逻辑推理的方法，在这一阶段儿童使用的最后一种策略是使用量尺，将两个客体的某种空间特性（如高度）做比较，但还没能建构测量单位系统，因而不能将测量的结果准确地用数量单位表示出来。
- 当6岁以上的儿童懂得使用测量单位时，标志着儿童形成了测量概念并掌握了测量技能。
- 儿童要在具体运算阶段（7-12岁）才能达到守恒，如：数目守恒、物质的量（固体量）守恒、重量守恒、面积守恒等。

（十二）对时间的认知的发展

- 儿童很早就能识别年龄大小，如：一个2岁儿童见到老年妇女会主动叫"奶奶"，见到年轻妇女会叫"阿姨"。
- 幼儿很早就能区分年龄大小，他们主要依据头发和面部等外部特征来辨别，即或是3岁儿童也能识别不同年龄的人，如见到比幼儿本人大的人叫哥哥、姐姐等。
- 50%的4岁儿童对一日内的时序：早晨、中午、晚上能够掌握。
- 4-6岁儿童对一日时序的认知发展过程：最初，幼儿不理解早、中、晚的关系，后随着年龄增长，能够运用这一关系，如早晨起来做早操，中午在幼儿园吃饭，晚上爸爸接我回家看电视；再后来，儿童对时序的认识完全从图片的直观内容和自己周围的生活情景中摆脱出来，对时序的认识达到了抽象概括水平，此时幼儿对一日时序的理解：早晨是第一，中午是第二，晚上是第三。
- 90%以上的4.5岁儿童和35%左右的5.5岁儿童完全不理解年龄大小和出生次序的关系，也不理解年龄的过去和未来，如问儿童："熊猫姐姐和熊猫妹妹哪个是先生下来的？她们是不是同岁？"儿童回答："妹妹先生出来的，姐姐后生，她俩同岁。"
- 4岁左右的幼儿按年龄大小从左至右排列"少年"、"青年"、"中年"3张图片的认知成绩较低。
- 4.5岁儿童很难完成按幼年、少年、青年、中年、老年的顺序排列5张图片的任务。
- 4.5岁儿童几乎不理解时序的相对可变性。
- 4.5岁幼儿对于"妈妈也有年幼的过去"完全不理解。
- 4岁儿童已具有最初的报时能力。
- 5-6岁儿童对一日之内的时序：早晨、中午、晚上能正确掌握。
- 5岁儿童在无时间参照物条件下对4秒钟估计的误差值为8.3%，在有时间参照物的条件下，对6秒钟估计的误差值仅为0.5%。
- 5-6岁儿童已有能力判断单一的短时间时距，也能区分只有几秒钟差异的短时间时距，他们比较时距大小的成绩会随着两个时距差别的大小，两个时距总时长的长短而有所区别。
- 5-6岁儿童已有潜力把时间看成是可以计数的维量，但他们的这种能力还很稚嫩，他们易受一些其他因素（如任务的难度、记忆的负荷、幼儿的兴趣等）影响。
- 5-6岁儿童还不能整合年龄的大小与出生次序的关系，他们对时序和时距的理解处于自我中心和前运算水平，因此他们还不能依据前、后或后、前认识出生次序。

- 36%左右的5.5岁儿童、20%的6.5岁儿童和10%的7.5岁儿童已经理解出生次序的关系，即知道年龄大的先出生，年龄小的后出生，但仍然不能理解出生顺序所产生的年龄差距始终存在，如告诉儿童："熊猫姐姐今年两岁了，熊猫妹妹才一岁，你说它们是同岁吗？也可问：它们的岁数是一样还是不一样？过一年以后，它们是同岁还是不同岁？你怎么知道的？"儿童认为同岁，他们的理由是："熊猫姐姐先生的，因为姐姐比妹妹岁数大，不同岁，老了，不是一样大，姐姐比妹妹高了，就先老了，妹妹的岁数就大些"或"到老了，一样了，两个都变老了，还是同岁了，都长老了就一样了。"
- 23%左右的5.5岁儿童、25%的6.5岁儿童和10%的7.5岁儿童能理解年龄时序与年龄时距的关系，也能理解出生顺序所形成的年龄差异始终是存在的，但所形成的时间概念是不稳定的，儿童往往把年龄和成长速度混为一谈，儿童对年龄的认知易受干扰，未能达到稳定水平。
- 5.5岁左右的儿童已具有达到更高水平认知的潜力，通过教育，幼儿对年龄时间关系的认知水平会有明显的提高。
- 80%以上的5岁半儿童能按年龄大小从左至右排列"少年"、"青年"、"中年"3张图片，幼儿理解时序已相对固定。
- 40%左右的5岁半儿童能完成按幼年、少年、青年、中年、老年的顺序排列5张图片的任务。
- 80%的5.5岁儿童对"妈妈也有年幼的过去"能正确认知。
- 5岁幼儿对时间整点、半点的认知成绩较低，但正在发展着这种能力。
- 5岁儿童在报时过程中多数人只注意一个指针，报时时只看时针不看分针，在指针定向阶段容易发生错误，如有的儿童以大针（分针）为时针只报整点，把5:10报为2:10；还有的以大针为时针，小针（时针）为分针，把5:10报为2:05；还有的以小针为时针，只能报整点，如把5:10报为5:00等等，他们对钟表盘所代表的含义不能完全理解。
- 幼儿对一日时序的认知仍以直观、感性的成分占优势，能摆脱画片的直观内容，抽象概括出时序的儿童在6岁年龄段中占37.8%，到7岁（入学后）才能完全达到。
- 6岁儿童对"明早"的认知高于"昨晚"。
- 6岁儿童对4秒钟的判断，在无任何时间参照物的条件下，误差只有3.3%，而加入时间参照物后的误差值减少至2.0%。
- 6岁以上儿童只能从直觉上将年龄大小和出生次序连接起来，但不能推论年龄大和年龄小之间的永恒差异，如，问：你和你的弟弟谁大？儿童：我大。问：当你长成一个大女孩，你和弟弟谁的年龄大？儿童：弟弟和我一样大。问：是同岁吗？儿童：是的。
- 55%的6.5岁儿童和80%的7.5岁儿童已完全理解年龄时序与时距的关系，能摆脱日常经验的干扰，并能主动采取策略，达到整合，儿童对两者的关系的认知达到了稳定水平，如问："哥哥和弟弟一样大吗？"儿童说："不是一样大，哥哥比弟弟大一岁，因为他们生下来就不一样，哥哥比弟弟先生，所以总是比他大一岁。"
- 6岁半儿童能全部正确完成按幼年、少年、青年、中年、老年的顺序排列5张图片的任务。
- 6岁儿童对整点认知的正确率高达84%，对半点的认知成绩为54%。
- 6岁儿童已经能认知整点和半点，但仍不能识别5分和1分，他们开始注意两个时针，但对两个指针之间的关系还不能整合，读时针与读分针成为两个独立的过程，因不懂得支持两者关系的有关规则，常常发生错误，他们中的50%的儿童常犯类似于5岁儿童所犯的错误，他们还会以小针为时针，根据分针的位置近似地报为整点或半点，如把5∶10报为5∶00，把7∶40报为7∶30。

● 7岁儿童已有1/3的人能正确认识5分钟，但他们似乎没有使用计数策略解决问题，他们中已有相当数量的儿童懂得表盘的含义，并能考虑两个指针的关系，但仍有少数人发生指针定向的错误；有时也会出现把分针按12进制读数，如把8∶30报为8∶06，或将1分钟忽略，把9∶44报为9∶45等。

● 40%的8岁儿童已可以正确认知1分钟，他们读时针时不使用计数策略，他们识别5分钟比1分钟更熟悉，但有时不懂报时规则，将整点报为×点60分，如把7∶00报为7∶60。

（十三）对因果关系的认知发展

● 幼儿在3岁左右，开始向自己或周围人询问各种问题，其中最突出的问题是"为什么"，特别是儿童喜欢追问现象方面的原因，有时对成人来说一些司空见惯的现象，幼儿都追根究底，要求得到最后解释，如幼儿会问："为什么我走，月亮也跟随着走，我停下来，月亮也跟着停下来呢？""为什么牛长着两只角，猪却没有呢？""为什么晴天时天空是蓝色的，阴天时天是灰色的呢？"等等，可见对事物因果关系的兴趣是儿童的天性。

● 3岁的幼儿已能把思维活动与外显行为相联系，如一名3岁幼儿说石头"不能想"，"因为没有手"，为什么呢？幼儿用手指着脑门比划着想的动作并说："没有手就不能这样想啊"，他们把各种外部的感官看作是心理活动的源泉。

● 联系的即时性和缺乏中介性是4-5岁儿童因果关系思维的两个最显著特点，如幼儿认为，自行车的脚步踏板能直接带动轮子的转动，而没有中间连接部分。

● 随着年龄的增长，知识的增多，儿童才逐渐认识心理活动与脑的关系，如75%的5岁儿童能指出因为人有脑子，所以"能想"，而洋娃娃是"假的脑子"，所以"不能想"，"石头也不会想，它没有脸，没有脑子，什么也没有，光是一个石头"。

● 5岁的儿童把想看作是具体的思维活动，如问：什么是想？儿童回答：想就是算算术，二加二等于四，四加四等于八。

● 6岁儿童开始能利用空间距离的信息作归因判断了，但这种能力还十分脆弱。

（十四）对运动和速度的认知发展

● 4-5岁幼儿不理解距离是指运动物体从起点至终点所经过的长度间距，认为走过的路一样长（距离）是指停下来的终点位置，谁也不能超过谁，他们对距离认知是以次序的知觉直观判断为基础的。

● 4-5岁的儿童也能注意到物体运动过程的变化，说明幼儿已初步具有运动表象能力。

● 年幼儿童对速度的判断容易受无关的日常经验的干扰，如一个4岁幼儿说："这个车开得慢，因为他（司机）老了，开不动了，那个司机还年轻。"

● 4-5岁儿童对运动次序的认知一般基于对客体的直接顺序知觉，思维上不能对这一顺序加以逆转，对距离的认知也以次序的知觉直接判断为基础。

- 6岁儿童已开始认识距离是指起止点的长度间距，能认知运动的反逆次序，但只有入学后才能形成成熟的运动次序、距离概念。
- 7-8岁儿童就通过的距离进行比较，并使用工具（纸板尺）做准确的测量。
- 只有儿童7-8岁以后，才能再现客体运动或变形的表象。

（十五）对社会认知的发展

- 5个月的婴儿会对人的不同表情做出不同的反应：对高兴的表情会报以微笑，喃喃儿语，而对愤怒、恐惧和悲伤的表情则表示不安。
- 大部分3岁儿童已认识到人具有各种高级生物的特征，如有独立活动的能力（能看、能走路、能动、能扔东西、能吃饭、能呼吸、能长大）；具有各种器官（如头、脚、手、嘴巴、眼睛、耳朵、内脏等）；具有心理活动（如会乐、会感到难过、会记得事情、会想事情、会做梦等）以及具有交往能力（如会说话、会玩、会赛跑、会拥抱等），而洋娃娃和石头则不具有这些特征。
- 关于"长大"的问题，大部分3岁幼儿不知道或不能正确说明原因，而只有很小部分儿童能正确指出"人能吃饭所以能长大，石头、洋娃娃不能吃饭，所以长不大"，或认为"洋娃娃是假的，长不大"。
- 关于"头有什么用"的问题，三分之二的3岁幼儿仅把头与某一单一的外部活动联系起来，如"头是洗头用的"、"头是理发用的"、"头是睡觉用的"等。
- 3-6岁儿童处于未分化的或自我中心的观点采择水平，他们能认识到自己和别人可以有不同的看法和情感，但他们经常将这两者相混淆。
- 幼儿特别是3-4岁幼儿的思维还带有直觉行动性特点，他们不太考虑行为的结果。
- 关于"长大"的问题，有一半的4岁儿童能从能否吃饭，另一半能从真假说明原因。
- 关于"头有什么用"的问题，58%的4岁幼儿指出了头的各种外部功能，如"头是装眼睛、耳朵、嘴巴、鼻子的，眼睛可以看东西，耳朵可以听音乐……"等。
- 4岁儿童在进行言语交际时，是根据不同说话对象的需要和能力来调节自己的谈话造句法的，如让4岁儿童对不同年龄的儿童或成人谈论如何玩一个玩具，他们对2岁的儿童用短的或简单的句子，对同龄儿童或大人则用较长的或复杂的句子，他们对2岁儿童会连说带动作比划，并监察着对方的注意，而对大人的谈话，似乎知道大人更有知识经验，对自己把握不定的想法，渴望从大人那里获得澄清、支持和帮助。
- 4-9岁的儿童处于社会信息的观点采择水平，他们会认识到人们会接触到不同的社会信息，因此对同一问题可能会有不同的观点。
- 4-5岁的幼儿已能够正确地判断许多基本情绪反应产生的原因，如"他很生气，别的小朋友抢了他的玩具"、"他哭了，他害怕打针"等。
- 4岁幼儿已能正确判断损人行为是"不对的"。
- 关于"长大"的问题，5岁幼儿几乎全部从能否吃饭和真假两方面同时说明原因。
- 关于"头有什么用"的问题，75%的5岁儿童不仅能指出头是装眼、耳、口、鼻的，并指出头的内部思维功能，如他们说"头是想东西的"、"动脑筋的"、"上学用的"、"学算术用的"等。
- 佛洛伊德认为，儿童的道德发展是在5-6岁时完成的。

● 7-12岁的儿童处于自我反省的观点采择水平，他们能站在别人的立场上，从别人角度审视自己的观点、情感和行为，同时认识到别人也能像他那样做（我知道他知道我怎样想，他也知道我知道他怎样想）。

二、 语言的发展

（一）语音

0-20天	C（辅）　　V（元）　　VV　　CV
21天-5个月	a　o　e　ī　u　［l］　［zh］　［ch］　［er］
6-8个月	a-ba-ba-ba　da-da-da　na-na-na　ba-ba（爸爸）　ge-ge（哥哥） ma-ma（妈妈）　a-i（阿姨）　b　d　g　p　n　f　ong　eng
9-12月	a-jue-lu-bi　en-en-en-en　a-lu-fu　jie-jie（姐姐）　mei-mei（妹妹） deng（灯）　mao-mao（帽帽）　wa-wa（娃娃）
1-1.5岁	a-ia-ia-ia-ia　a-iou　a-ia　a-fu　e-ha-ha　ba-bu　a-jia-jia-jia-da en-ia-ia-ie-e　ng-e　ba-ba（爸爸）　jia-jia　ma-ma（妈妈） nie-nie（捏捏）　nai-nai（奶奶）

（二）词汇

年　龄	词汇量	词　　汇
0-1岁		不、走、抱、坐、拿
1-2岁	1.5岁：70个 2岁：270个	上去、下来、进来、出去、能、要、会、敢、是、叫、请、帮、好看
2-3岁	3岁：950个	饿、饱、痛　漂亮、清爽、开心 2岁：红、大、小 2岁半：黑白、绿、黄
3-4岁	1730个	胖、瘦、蓝 3岁：高矮、长短
4-5岁	2583个	老、青年、美丽、干净、高兴、快乐、红的（4岁半）、干干净净（4岁半）、粗细（4岁半）
5-6岁	3562个	灰、紫（5.5岁）、低（5.5岁）、高（2岁）、厚薄、宽窄（5.5岁）
6岁半		棕、红彤彤、愉快

(三) 语义与语法

年龄	词汇语义	句子语法
0-1岁	● 能理解110个名词性语言。 ● 能对118动词发生理解反应。	
1岁		● 1个词的含义可能代表一个句子的意思,如"鞋"可能指穿了一双鞋,鞋掉了。 ● 1岁半-3岁儿童已有主-谓-宾句19.9%、谓-宾句16.4%、主-谓句15.2%、复杂谓语句3.5%。
1.5-2岁	● 只能理解行为的好坏评价。 ● 出现人称代词"我"→1岁半。(许政援、闵瑞芳《汉语儿童称代词的获得》) ● 1岁7个月出现能愿动词和判断动词。 ● 1岁8个月获得"出去、进来、上去、下来"等复合趋向动词。 ● 2岁之前开始使用指示代词。	
2岁	● 会用"好"表示对成人要求的肯定回答。 ● 能够使用"能、要、会、敢"等能愿动词表达意愿。 ● 用"是、叫"等判断动词来对事件做出判断说明。 ● 有了表示事物存在状态、增减变化和出现消失的存现动词。 ● 出现物体特征的描述。 ● 近2岁时能正确区分"我"和"你","你"也开始出现在主语和定语的位置上。 (许政援、闵瑞芳《汉语儿童称代词的获得》) ● 2岁10个月才能区别问候语"好"与行为表现的"好"与"不好"之间的不同。 ● 还能区分行为表现的好坏与相貌好坏的不同。 ● 已能使用少量形容词。(武进之) ● 2.5岁出现"饿、饱、痛"等关于机体感知的词。 ● 能正确使用第三人称代词。	● 2-3岁儿童句子比例改变:主-谓-宾句23.6%、复杂谓句16.2%、谓-宾句3.2%、主-谓句9.8%。 ● 2岁儿童出现有简单修饰语的句子(两个娃娃拉圆圈)。 ● 2岁半出现兼语句(阿姨听我们讲故事)。 ● 2-2.5岁大部分是完整句、无修饰的简单句。 ● 2岁儿童出现复合句,占陈述句的比例为3.54%,但复合句中无关联词。 ● 2.5岁儿童复合句中开始出现关联词。 ● 2-6岁逐步具有汉语中所有疑问句形式。
3岁	● 3岁幼儿已基本理解并能回答"谁、什么、什么地方",他们已具有人、物和空间的概念。 ● 能理解先、后同时的顺向(轿车先开、卡车后开)。	● 3岁儿童已会使用复杂连动结构(小朋友看见了就告诉警察)。

续表

年龄	词汇语义	句子语法
3岁	● 3-4岁能理解先、后，同时的逆向句（卡车后开、轿车先开）。 ● 3-5岁掌握"今天、昨天、明天"理解"已经"。 ● 3-4岁理解"正在"。 ● 3岁3个月时，"他"的使用才开始清楚前后照应等用语规范。 ● 3-4岁儿童已能把枪分为手枪、机枪、气枪等。 ● 3岁以后动作、行为动词仍是儿童所掌握动词中的绝大多数，比例保持在词汇总量的85%。 ● 3.5岁出现对人体外形的描述。 ● 3.5岁出现形容动作的词。 ● 3.5岁能使用胖、瘦。 ● "里"3岁获得，3.5岁掌握。 ● "下、后"3岁获得，4岁基本掌握。 ● "外"3岁获得，4.5岁基本掌握。	● 3岁半儿童会使用复杂修饰语（我家在老远老远的地方）。 ● 3岁基本上都是完整句。 ● 3岁前使用关联词有：还有（还要）、也（也是、也要、也有）、又、就（就是）。 ● 3岁前使用关联词有：只要、非要、偏要。 ● 3岁儿童多用行动状语。
4岁	● 4岁儿童基本理解并回答"什么时候"，"怎样"说明他们已具有"时间"和"事物状态、方式"的概念。 ● 4.5岁出现个性品质、表情、情感及其事件情境的描述。 ● 4.5岁以后使用形容词的数量增长较快，4岁半会用"红红的"。（武进之） ● 4.5-5.5岁才先后能使用"老、年轻"。 ● 4.5岁时能说"干净"。 ● 4-6岁能逐步理解"以前、以后，同时"的顺向、逆向的一般形式和包含形式（如大娃娃上车前小娃娃先上）。 ● 4-6岁理解"就要"， ● 4-5岁能掌握"中间"。 ● "左右"起始年龄为4岁，但6岁尚未基本掌握。 ● 4-6岁掌握"上午、下午、晚上"。	● 4岁儿童除使用行动状语外，较多使用地点状语。 ● 4-5岁大量使用"给"字句，"让"字句，同时也有少量"叫"字句。
5岁	● 5岁儿童开始能完成如"A、B两车以相同速度同时从同地开出，A车先停，B车后停"这样的作业。 ● 5-6岁理解：上午×时、下午×时、晚上×时，今年、明年。	● 5岁儿童使用时间状语。 ● 5-6岁出现的关联词有：因为、结果、为了、要不然、反正、其实、原来、结果等反应事物间因果、转折、条件、假设等关系的连接词。
6岁	● 6.5岁使用形容词可达206个，如"红彤彤的"等。 ● 6岁时儿童的临时量词的正确率已赶上个体量词而跃居首位。	● 6岁偶然使用"被"字句。 ● 6岁儿童对双重否定句的理解正确率为60%，7岁儿童已基本掌握双重否定句。

(四) 句式的发展

　　1. **比较句**

● 2岁为比较句的初级阶段，句式停留在性质陈述句水平，能用"1+1"的方式构成比较句。

● 2岁儿童可以使比较意识外化为比较句。

● 2岁儿童比较句的对比点局限于形体比较，主要表现在"大"和"小"上，如：大饼给我吃（2）。

● 2岁儿童在言语形式上只出现一个比较项（有时"大的""小的"都出现，但"大的"是优先选择项，"小的"是先淘汰而后补充的选择项），如：要吃大的饼干，吃两块，吃大的。（吃完后还要）吃饼干，吃小的饼干（2）。

● 如果在比较思维中不掺入取舍意识而只作出性状差别判断，2岁儿童会让被比较的两个对象，并存在于意念中，外化为言语形式则是形成差异性双项比较句，如：（边看图书边指点）小熊，这大熊，这小熊，这个大熊（2）。

● 2岁阶段的儿童对于事物之间的关联性还可以以记忆留存的方式形成非直观式思维，如：（幼儿玩弄一大一小两把玩具枪，后来不注意小枪给别的小朋友拿走了）这个大枪。我的小枪呢（2）？

● 2岁儿童能进行能力的比较，如"××会爬树，我不会爬树"。

● 2岁儿童已能同时考察两个对象并辨认出其中的差异，但他们还不能运用关系判断句式来表述比较的结果，只能运用已习得的句法格式直接还原思维结果，即采用"1+1并列"的方式，把两个各自独立的性质命题联结起来，分别表述两个比较对象之间的差异。

● 2岁儿童只有"大、小、高、好"4个比较点。

● 2.5－3.5岁儿童比较句的发展阶段，从语义上分为4种类型：差异性对比比较句、层级性对比较句、同一性对比比较句、"比"字句。

● 2.5岁儿童比较句的句法结构相应复杂，应当比较项中出现了由"形容词＋的＋名词"组成的偏正词组和"的"字结构，如：妈妈讲的故事好听，我爸爸讲的故事不好听；我是新鞋，你是不漂亮的鞋，我是漂亮的鞋。

● 2.5岁儿童习得了"高、矮、长、短"等维度的形容词，但容易发生不同维度的形容词的混淆，有时以"大"代"高"，以"小"代"矮"，如：（甲乙站在一起比身高）甲：我矮。乙：我大。甲：我吃……吃饭了，长得好高好高呦！（2.5）我妈妈小，我爸爸大（3）；我爸爸高，我妈妈小（3.5）。

● 2.5岁的儿童摆脱了2岁时的单纯趋大的心理定势，能够通过比较，以适合自身的需要来"舍大取小"，如：（屋里有一辆儿童自行车）我要自行车，我要自行车嘛，（把幼儿领到屋外的成人自行车旁，该幼儿仍往屋里走）我要个小自行车，我要一个自行车。

● 2.5岁儿童能运用"最、老、好、太"等表示程度层级的副词，并且会运用重叠形式增加程度的层级性，如：（甲乙赛跑甲领先）我第一名，我跑得最快；我洗脸了，脸好干净好干净的。

● 2.5岁儿童对于大而不合适的东西，能用"太"来表示不适中，如：这枪你要不要？我的枪太大了。

● 2.5岁儿童已能使用"A跟/像B一样了","A、B是一样的"等形式来表述同一性对比,并已初步习得了"2+1复合"的关系判断式,如:给我弄一个跟她一样的(2.5);我家里有一个大棍子像铅笔样的(2.5)。

● 2.5岁儿童能够以自身作为比较项进行超越现实时空的比较,如:(甲从台阶上往下跳,乙不敢跳),甲说:他长高了,长我这么大,他就敢跟我蹦。

● 2.5岁年龄段儿童的语言中已经出现了"比"字句,如:(幼儿站在窗台上,指着一棵树说)大树这么高,我比大树还高。

● 2.5-3.5岁阶段在2岁阶段基础上又增加了"新、旧、漂亮、好听、好看、破、矮、快、多、香、干净、远、整齐、长、短、早"等16个比较点。

● 3岁年龄段儿童出现了"跟B一样的A"的同一性对比比较句,如:(甲乙两幼儿看到测试者手中的笔)甲:我家也有笔一个样的,乙:我家也有笔跟这一个样,甲:我家也有一个跟你一样的笔。

● 3岁儿童还能够用副词"也"表述同一性对比,如:你跑得快,我也跑得快。

● 单项层级性对比比较句到3.5岁时发展为递进性双层比较句,用程度副词"更"替换了"最",表明儿童对同中有异的差异性关系已能认识并予以表述,如:明天妈妈不喊我,我就起来,明天我起来更早了。

● 3.5岁儿童语言中出现了正反对比点的"比"字句,比较项的构成成分也逐渐复杂、范围,可以涉及他人,成分出现了偏正词组、主谓词组,比较点除了性状比较外,也出现了动作行为的比较,如:她是妹妹,我是姐姐,我比她高,我比她矮我就不是姐姐了;我爷爷奶奶还要比我爸爸妈妈年龄大一些。

● 3.5岁儿童曾出现"A比过B"的句式,如:(幼儿跟爸爸比吃饭)幼儿:这回决定(绝对)比过你。爸爸:我再盛一碗。幼儿:再盛一碗,我决定比过你。

● 4-5岁是儿童比较成熟阶段,比较句的各个类型在此阶段都有进展。结构上,比较句的完全句、简略句、否定句、变式句在此期间都出现了,句长也有所增加,语义表达内容日益丰富,比较的范围也日趋扩大,能够从性质、状况、动作、行为、视觉、味觉、数量、程度、速度、时空等多方面进行比较。

● 4岁儿童在差异性对比比较句中,单项对比比较句已基本上转化为层级性对比比较句,双项比较句已占绝大多数,对比点继续增多,如:反正我吃过兔子肉,兔子肉好辣,我不敢吃,后来我吃羊肉,羊肉好甜,羊肉外面皮辣,小兔子的肉辣,兔子的皮不辣(4);幼儿看《看图说话》的画册),妈妈没告诉我,我就晓得轻重,树叶子不是轻吗?石头不是重吗(4.5);(幼儿听爸爸妈妈讲的笑话后说)我也讲一个,我讲的笑话是短的(5)。

● 4岁儿童在层级性对比比较句中,表示层级程度的副词除了"最"以外,又出现了"最最""特别",这表明儿童思维中的程度的层级越来越精细,如:小精灵最最厉害了。

● 4-5岁儿童的层级性对比中的范围由以前常用的"我家"扩展到更大的社会背景,如:我跟×××关系好,我跟×××最好(4);我是男孩子中间最爱劳动的一个(5)。

● 4-5岁阶段增加了"差、黑、辣、甜、酸、好、轻、重、厉害、很、老、尖、坏、调皮、响、鼓、喜欢、爱"等19个比较点。

● 4.5岁儿童同一性对比比较句的两个比较项都可以扩展为由名词性偏正结构充当,并出现了简略形式,。如:鸭子的脚跟鹅的脚差不多,鹅的翅膀跟鸭的翅膀也差不多(4.5);

那个电视上装的那个玻璃（保护屏）跟我家的一样（5）。此时期儿童出现了"跟×××一样"的同义格式："有＋A＋那么＋形容词"；此外，"跟××一样"经常作为一个整体结构使用，做状语。如：大海有多深？跳下去有头那么深，大家千万不要跳下去（4.5）；（幼儿分糖）一个，两个，三个，我跟你一样多（4.5）；此时期儿童的句法变换能力和句法合成能力得到进一步发展，出现了比较句的否定形式，包括用反问表示的否定，如：（电视上出现了香港夜景）甲：比北京漂亮些。乙：比北京漂亮啊？甲：北京哪有这漂亮嗨？

● 4.5岁儿童可根据不同的语义表达分别选用同一性对比句和"比"字句。如：小鸭和鹅哪个特点是一样的？小鸭子的的眼睛跟鹅的眼睛差不多，鸭子的脚跟鹅的脚差不多，鹅的翅膀跟鸭的翅膀也差不多。我下面讲哪个特点不一样的：鹅比鸭子大一些，鹅生的蛋比鸭的蛋也要大些。

● 4.5岁儿童"比"字句的结构类型增多，"比"字句的简略式使用，如原来男的更为熟练比女的厉害，怎么现在女的比男的厉害呀？此时期儿童对比点的范围进一步扩大，如：我大老虎，我张开嘴比你还大些呀！

● 此时期儿童"比"字句中的比较点有形体、视觉、味觉、距离、听觉、年龄、数量等，反映了儿童认知的发展和语义能力的发展；在对比点之后附加上了表示数量或程度的成分"些、一些、一点、好多"等，使比较趋于精密。如：她是小黄牛，我是大黄牛，我比她大一些。

● 此时期儿童把"比"字结构作为一个整体成分使用，这反映了儿童句法合成能力的发展。如：比你还大的就是机器昆虫。甲：我穿球鞋比她跑得要快。乙：那我跑得比你还要快。这不仅反映了儿童句法合成能力的发展，而且反映了儿童句法递归能力和构句能力的发展。

● 4-5岁年龄段的儿童已不再满足于再用："1＋1并列"的方式来表达差异性对比，而更倾向于运用"2＋1复合"的高级比较句。

● 4-5岁儿童语言中的比较句的相对特点：一是差异性对比、层级性对比、同一性对比，"比"字句的发展基本平衡，二是"比"字句的出现频率明显增加；三是各类型中的比较句都大量出现词组充当句子成分的现象，成分相同、语序不同的同义句式也出现了相当数量，比较点的范围扩大，句子的语义结构也更为复杂。

● 4.5岁年龄段出现"A比不上B"的句式，如：（比赛飞纸飞机）你的飞机比不上我。

● 同一性对比比较句到5岁才出现"A跟B不一样"的句式。

● 介词"为"只在5岁年龄段出现1次。如：（幼儿在玩布娃娃）我为你做好事，我为你做饭吃，这还不谢谢我？

● 5.5岁儿童同一性对比比较句出现"范围＋没有＋这么A"的句式，如：今天×××给我一张大纸，这么大，你看，我们家没有这么大的吧？

2. 给字句

● 1.5岁年龄段儿童已初步掌握了"给"的意义，并能运用"给"表达相应的动作行为，如：（甲抢乙手中的玩具）给我，给我，我要，我要（1.5）；（甲把皮球递给乙）给呀（1.5）。

补充说明：

"给、要"这两个逆向词的意义，作为相互对立又相互联系的两个方面在学习中同时习得。在习得动词"给"的意义初期，儿童对"给"的使用总是伴随着现场的、具体的给予性动作行为，对"给"的意义的概括、抽象还是比较初步的。1岁末儿童开始能把自己的动作和动作的对象区分开来，随后能把自己这个个体与自己的动作区分开来。早期儿童使用动词"给"时，多表示给予单一的物体，这些物体是具体的、可见的。

- 1.5岁年龄段儿童的自我意识已出现并得到初步的发展，如：称呼自己不用"宝宝"或自己的名字，改而用人称代词"我"，并且会用"我的"来指称自己的东西。
- 1.5岁儿童的语言中出现了宾述结构，从语义上又分为"动作——受事"（如：吃果果；关门；打人……）、"动作——处所"（如：坐车车）、"动作——与事"（如：给叔叔；给你；给我……）三种类型。
- 动词"给"在1.5岁儿童语言中已经出现，此时"给"的意义是"给予"（给1），此时期出现的与"给"相关的句式只有一种"给1+N（与事）"不饱和双宾语句如：（幼儿把自己的手帕给成人）给叔叔。
- 1.5岁年龄段仍未出现介词"给"字句。
- 随着儿童思维的发展、认知结构的发展和交际的扩大，动词"给"所表示的给予行为的数量和对象也发生了变化，如：（几个小朋友向幼儿要皮球），幼儿说：给许多好不好（2）；（爸爸在配橘子汁）爸爸，你给我好多（3）；甲乙比赛跳远，跳得远就给他一百分（3.5）；我们的操第一，给我们巧克力和一朵花（5）。
- 儿童运用动词"给"的初期，主要用于表示交付性的给予行为，这种行为或者是施发性的（如："给你"），或者是要求性的（如："给我"），随着儿童认知能力和交际能力的发展，动词"给"的意义开始向两个方向发展：一是同各种更具体的给予行为相联系，这表现了动词"给"表义的精细化；一是同更抽象的给予行为相联系，这表现了动词"给"表义的概括化，如：（幼儿向成人要笔）再给我笔，我要写（画）（2）；（甲向乙要玩具刀）把刀给我（3）；（幼儿给爸爸讲幼儿园里的事）××抢我的手帕，我就报告老师："老师……"××赶快给我了（5）。
- 2岁儿童的话语中开始出现表示"允让"意义的"给2"，如（成人对幼儿说：我们骑马去）幼儿说：老师说，不准动，不给骑马（2）；（幼儿玩小木琴，一边自言自语）不给你听，打你（2）。
- 在2岁儿童语言中，由动词"给1"（给予）构成的述宾结构和主谓结构如：给我笔；给我球；笔给叔叔；球给我等。
- 动词"给1"（给予）在2岁儿童语言系统中的语法意义应描述为"动作——（对象1）——（对象2）"。
- 2岁时动词"给1"表示的"给予"是区别性的，这种"给予"意义使"给"同"吃、打、关、拿"等动词区别开来，区别的特征是"给1"可以联系两个对象和一个主体，这种区别是儿童语言系统中"动作行为"范畴分化的开始。
- 儿童2岁时动词"给1"（给予）的配价形式中出现了施事（给予者）/受事（给予物）/与事（接受者）成分，所以"给1"是个三价动词，如：给我笔；给我这个；笔给叔叔，这个给你……
- 动词"给2"（允让）2岁时从"给"中分化出来，"给2"在语义上出现了施事（控制者）、兼事（受控对象）、受事（受施事控制的兼事的行为）成分，"给2"也是个三价动词。

- "给2"的"允让"意义对配价成分有较强的制约力,所以"给2"的配价形式一开始就同"给2"的配价结构有较高的一致性,如:我不给你骑马;妈妈给我吃,不给你吃。
- 2岁儿童的语言中已经出现了共价现象,如:拿一个给我呀;我叠个小房子给你看;奶奶炒花生给我吃等。第二例中的动词"叠"和"看"共同联系一结果,受事双重性质的成分"小房子","叠"和"给"共同联系同一个施事成分"我",动词"给"和"看"共同联系一个兼事成分"你"。
- 2岁以后出现双宾语饱和句"N1(施事)+给1+N2(与事)+N3(受事)"。
- 2岁年龄段后出现了受事主语"给"字句"N1(受事)+给1+N2(与事)",其中"给1"联系的三个配价成分一般只出现两个,由受事成分充当主语,如:笔给叔叔(2);树叶给我(2.5);(甲、乙玩象棋棋子)甲:这个老将给你(4);(幼儿讲故事)小公鸡说,这袋芝麻都给你了(4.5);那个大的给我吧(5)。
- 2岁时出现了连谓句中的连动句"N1(施事)+V1+N2(受事)+给1+N3(与事)",句式中的"V1"一般表示操作性或处置性的动作行为,"给1"表示前一个动作行为的目的,这种句式的意义为:某人处置某物并转移给某对象,如:(甲把一张纸撕开,对乙说)来,劈一半给你(2);你叠个风琴给我(2.5);(幼儿指着成人买的果丹皮说)是我买了这个给×××的(3);(甲乙做游戏)甲:我再搞一能量块给你吧(4);你看完了给我(4.5)。
- 2岁后出现了连谓句中的受事主语兼语句式"N1(受事)+给1+N2(兼事)+V2",主语N1为受事,N2(兼事)既是"给1"的与事,又是V2的施事,"给1"表示的意义大部分兼有"给予"和"允让"成分,其意义为:某物给予某人,并允让某人处置该物,如:大蛋给我吃(2);把笔给我写(2.5);(幼儿对妈妈说)爸爸回来以后,面条给爸爸吃(3.5);(幼儿对爸爸说)每天鱼眼睛都要给我吃(5)。
- 2岁后出现了连谓句中的施事主语兼语句"N1(施事)+给2+N2(兼事)+V2",句中的"给2"表示允让、祈求等意义,N2是允让、祈求的对象,V2是N2受N1的允让、祈求后发出的动作行为,表示的意义为:某人允让或祈求某人做某事,如:(甲向乙要鸡蛋吃)给我咬一点(2);(甲对乙说)我家放唐老鸭,不给你看(2.5);(甲对乙说)起床了,老师给我们吃东西(3);今天老师给我们吃大苹果的(3.5)。
- 2岁时介词"给"的用法有:引进动作行为的受益者(包括服务对象和帮助对象),意义相当于"为、替、帮",如:我给你搽胭脂好不好(2);给妈妈打针去,妈妈又生病又吃药(2.5);我在家给妈妈扫地(4);我妈妈还给我烧山芋稀饭呢(5);同介词"给"用法、意义相近的还有"代、帮",如:我妈妈给我打针(3);我妈妈打针,帮助人家打针(4.5);上次我爸爸又代我照一张,我爸爸也代我照相(4);介词"为"只在5岁时出现1例:(幼儿玩布娃娃)我为你做好事,我为你做饭吃,这还不谢我(5),用于引进施事者,表示被动,意义相当于"被、让",如:笔给小猫吃掉(2);苹果给我吃掉(3);(小汽车)开得没电,就给人家搬走了(3.5);我讲"×××起来"给老师听到了(4.5);后来那个醉鬼给警察搞死(5)。同"给"的这种用法相同的介词还有"被",如叔叔的手被开水搞破了(3);我们家一开始有《变形金刚》书,后来被哥哥搞掉了(4);那个老太太被汽车撞倒了(5)。此外还有"叫"只有一例,如:(成人问:你脖子怎么啦?)叫蚊子咬的(2.5)。

- 2-3岁是由动词"给"向介词"给"的过渡分化期。
- 在2.5岁年龄段后,儿童话语中动词"给"表达"给予"和"允让"双重意义的情况经常出现,如:(甲向乙要玩具)给我玩(2.5);(幼儿看图讲故事)奶奶采这么多萝卜她给谁吃呀?给森林里的小朵朵吃(3.5);(幼儿甲想玩乙的玩具刀,乙不给)甲:我就想玩刀,你又不给我玩(4);(幼儿甲乙看万花筒)甲:你不给我看啦?乙:我拿着你看(4.5)。
- 2.5岁后"给1"联系的三个配价成分基本都出现在配价形式中,如:(成人发糖,幼儿说)给我两个(2);(甲指着乙对成人说)我给她枪,她要我就给(2.5);(成人给幼儿糖,幼儿说)你给我这么多糖呀(3);(甲向乙要纸,乙不给)甲:我给你树叶了嘛(3.5);我给你好多钱(4);老师又给他一个新碗(4.5);我们的操第一,给我们巧克力和一朵花(5)。
- 2.5岁后出现了连谓句中的施事主语兼语句"N1(施事)+给1+N2(兼事)+N3(受事)+V2",句式中的N2(兼事)既是"给1"的与事,也是V2的施事;N3(受事)既是"给1"的受事,也是V2的受事,其意义为:某人给予某对象某物,并允让该对象处置该物,如:(甲给乙一个石头)给你一个石头,给你一个小石头拿着(2.5);你给我一张纸画画(3.5);(幼儿讲狼的故事)……老人给三只狼一个猪头吃(4)。
- 2.5岁后出现了"N1(施事)+V1+N2+给+N3(兼事)+V3"句式,其中动词"给"都是兼表转移意义和允让意义,V3一般都是表示处置意义,但V1有四种意义:一是句式中的V1表示求购意义,在儿童语言中,最常见的V1是动词"买",整个句式表示的意义为:购求以获得某物,然后转移给某人,以让某人处置该物,如:妈妈买泡泡糖给我吃的(2.5);爸爸买铃鼓不给你们两个玩(2.5);我下次买东西给你吃(3);二是句式中的V1表示携带、运送意义,常见的V1是"带",表示的意义为:携带运送某物并转移给某人,以让该人处置某物,如:叔叔,我下午带糖给你吃(2.5);叔叔我明天带枪给你玩了(3);(幼儿讲故事)孙悟空带了好多东西来了,给唐僧师父吃了(4);三是句式中的V1表示操作,制作的意义,句中的V1都有一定的服务性或目的性,即V1为其后的动作行为"给+兼事+V3"发出,其表示的意义为:制作某物或做某事,以让某人处置文书物或做相关的某事,如:叠个小船好不好?叠个小房子给你看(2);妈妈也烧牛奶给我(2.5);下午到我家去,拿机关枪给你玩(3);你讲个好故事以后,我讲个黑猫警长系列故事给大家听(3.5);我找一本书给你看(4.5);(幼儿讲故事)小山羊说,我把尾巴伸进来给你们瞧瞧(5);四是句式中的V1为"有",表示领有意义,整个句式表示的意义为:领有某物并转移给一定的对象,让该对象处置该物,如:我家有话梅给你吃(2.5);姥姥家有两个解放军帽子……给两个儿子戴(3.5)。
- 2.5岁后,介词"给"用于引进交付、传递的接受者,意义相当于"为、帮、替",如:老师给我们发点心(2.5);我来给你挑一块肉(3.5);你给我拿一把刀(4);我爸爸给我买一辆自行车(5)。同此用法相同的还有"代",如:我妈妈代我买一个小山羊(2.5);我代爸爸拿筷子(4);后来我爸爸代我送药了,送药吃了,又过一天,我爸爸代我送药了,天天代我送药(4.5)。
- 2.5岁后,介词"给"还用于引进动作行为的朝向者,意义相当于"朝、向、对、跟",如:小朋友抢我的玩具,我就给老师讲(2.5);(成人问:你怎么知道你明天去照相呢?）我妈妈给我爸爸说,给我爷爷说的（2.5）；哈,猪八戒给小熊再见（3.5）；(甲推乙）乙：我给你爸爸讲（4）；……后来他就给老师讲……（4.5）。与此用法相同的还有"跟",如：我跟爸爸打电话（3）；(幼儿对爸爸讲）我跟你讲,这个五角星我还是这样写好些（4.5）；(成人问：你妈妈在什么地方工作?）不晓得,她没跟我讲（5）。

● 介词"给"还用于引进受事者,用法相当于"把",如：(幼儿看到两个朋友在打闹）他们俩在打架……我给他们抓起来（2.5）；(幼儿问：你的手怎么搞的呀?成人说：开水烫的）哪个用开水给你烫的呀（3）；(幼儿同同伴斗嘴）她（自己的姐姐）给我一个《黑猫警长》的书,我把它剪下来,然后,我就把它……我就让它给你们吓死啦,吓死你们（4.5）；你跟人家讲话,老师看见你了,就给你罚站,晓得吧（5）。

● 儿童刚学会使用"给"时,"给"总是同当时、当场发生的给予性行为联系在一起,随着儿童记忆能力和思维能力的发展,动词"给"所表示的给予性动作行为在时间上也不再限于当时、当场,如：(幼儿一边吃饼干一边说）我吃完了再给我（3）；(甲同乙斗嘴）……白鸽侦探给我一个报话机,我就跟黑猫警长讲：报告警长,我们班有个×××,你快来打×××（4）；我有好多钱,是奶奶春节时给我的（5）。

● 到儿童3岁后,动词"给"表义的精细化得到发展,如：(幼儿拿橘子水对爸爸说）这是老师发给我的（3）；(幼儿看着画册《芭蕉扇》讲故事）……她又从嘴里吐出来一个小风扇,铁扇公主就借给孙悟空风扇啦（3.5）；(甲向乙要书）乙：这不,打谜语的书交给你嘛（4.5）；(幼儿对妈妈说）我留给你的瓜子你怎么不吃啊?是留给你的（5）。

● 3岁以后儿童语言中出现了其他含有给予意义的动词及"V给"式复合词（如：送给、还给、交给、借给……）

● 3岁以后儿童语言中的"给1"（给予）在相关句法结构中的语法意义描述为"（施事）——给予——（与事）——受事"或"（给予者）——给予——（接受者）——给予物"。

● 3岁以后动词"给1"表示的"给予"是概括性的,即从"给1、送、发、交、还"等这一类动词中概括而形成,这种概括标志着这一类动词已经形成"动作行为"范畴中的一个次范畴——给予性动作行为。

● 3岁后出现了运用介词"把"前置受事成分的"给"字句"N1（施事）+把+N2（受事）+给1+N3（与事）"也可以看做饱和"给"字双宾语句的变换句式,"给1"联系的三个配价形式中,如：(甲向乙要玩具刀）把刀给我（3）；你把我的纸给我（3.5）；你把这个话筒给我,我来讲话（4）；我把一个小桔子给×××（4.5）；(甲吃麻花,乙要）甲：我把这下面（指麻花的一半）给你（5）。

● 儿童3岁后出现同介词"给"用法、意义相近的还有"代、帮",如：我妈妈给你打针（3）；我妈妈洗衣服,晒衣服,代我洗脸、搽香（4）；甲：我代妈妈烧饭,乙：我会帮妈妈烧菜（4.5）。

● 儿童3岁后,"给我"作为一个固定的组合,用于加强语气的用法,如：(甲争到了自行车,边骑边对乙说）×××给我坐真乖（3）；(幼儿扮演妖怪）小的们,给我把唐僧捆起来（4.5）；我是2082,给我抓住坏蛋（5）。

● 儿童3岁后,介词"给"用于引进被陪伴者和协同者,意义相当于"跟、同"如：(甲对乙说）你给我打球好吧（3）；奶奶,我给你谈心（3.5）；(甲对乙说）我不给你坐一块儿（3.5），但4岁后，这种用法则让位给介词"跟"，如：我在家里，我跟我爸爸拍球（4）；（幼儿对爸爸说）你跟我玩一下行不行啊（4.5）；她跟×××住在一家（5）。

● 3岁后，介词"给"还用于引进动作行为的受损者，如：（吃饭的时候，甲吃了乙碗里的一块肉）乙说：你给我吃完了怎么办哪（3）；（甲把水溅到乙的裙子上）乙说：他给我搞潮了（4）；（妈妈问：怎么脸上这么多灰呀？）×××给我搞的（4）。

● "（施事）+给+与事+动作"结构作为一个整体出现在句子中，主要是做定语、宾语和谓语，或构成"的"字结构，如：我衣服是阿姨给我买的（3）；这句话你给我记下来（3.5）；给我脱衣服的没听到，没给我脱衣服的，听到了（4）；今天小鸭我来给它戴花儿（4.5）。

● "（施事）+给+与事+动作"做缩紧句的一部分，如：穿衣服老师没给我拉袖子（3）；我妈妈看到就给我买了（3.5）；妈妈给我穿（衣服）我才老老实实（4）；（幼儿讲故事）又来了五个小朋友非要打针，医生说：我给这个小朋友看完病再给你们五个小朋友看病（4.5）。

● 没有发现对"受事+给+施事+动作"结构作整体运用的情况，但是对这一结构的扩展还是比较普遍的情况，如：（幼儿问成人）饼干吃完啦？（指地板缝）给这个洞里的老鼠吃完啦（3）；（幼儿讲故事）他的孩子不见了，原来是给他们两个拖到山脚下把它宰死了（3.5）；那天我给×××打疼死了（5）。

● 儿童3.5岁后，介词"给、把"同用构句，如：你给我把伞打开（3.5），你可是给我把话记下来呀（4）；爸爸，你把手套给我戴上（4.5）；那本书你把它给我拿过来（5）。

● "（施事）+给+与事+动作"同其他谓词性成分构成复杂的谓词性结构做谓语，如：我妈妈没有钱，光给我买东西买的（4.5）；（幼儿指着玩具鸭子说）我给它打针打过了（4.5）；医生给人家看病很累了（5）。但也有句中的谓语都是语义非连续性结构，其中包含双重语义性质的成分，如：你给我讲故事听（3）；妈妈，你给我拿一张纸画画（3.5）；我给爸爸买好多东西吃（4）；我妈妈给我烧山芋吃（5），还有构成兼语句的，如：今天我要你给我讲一个"真假美猴王"（4.5）；有一天，有个妈妈，她生病了，她叫人家给她讲个故事（5）。

3. 把字句

● 2岁年龄段出现"把"字句的两种类型，分别为：1A. 把+名词+动词+趋向动词；1B. 把+名字+动词+动词/形容词。2. 把+名词+在/到+处所名词，如：我把这球摔掉；把手帕放到口袋里边好不好？把我抱到这里面去。

● 2岁年龄是"把"字句在儿童语言中的初级阶段，有施事、受事、动作、结果、处所5种成分，而且施事成分经常不出现，由在现场的人来补足。

● 2岁儿童"把"字句明显地表现出凭借工具进行处置的意识，动作同工具密切相连，如：大石头搬起来，把大灰狼打死。

● 2-3岁儿童常常出现"把"字的宾语脱漏的现象，如：这是小娃娃头，放在这个口袋里边，把塞到叔叔的领子里去。

● 2.5岁年龄段出现"把+名词+副词+动词"，如：把这个衣服先脱掉。

● "把+名词+动词+了"始见于2.5岁年龄段，如：大灰狼把我们吃了。

● "把+名词1+动词+名词2"始见于2.5岁年龄段，如：把小鸭子打死了，把打淌血了（此句脱落了"把"的宾语）；要是吃刺，把嘴扎流血了，怎么能吃呀？
- "把+名词+动词重叠"始见于2.5岁年龄段，如：把车修一修，把这个自行车修一修。
- 2.5岁年龄段主要在"把"字前面出现了助动词和表示语气、频率、否定的副词，如：我能把大灰狼杀死。
- 2.5岁年龄段也有"把"字句在前面的，如：把衣服躲起来，就看不到太阳了。
- 出现了连动"把"字句和"动词词组/小句+就+把构成的紧缩句，如：我回家拿刀把坏蛋杀死。
- "不"在2.5岁年龄段已经出现。
- 2.5岁儿童能把工具成分同处置性动作行为组合在一个句子之中，如：我回家拿刀把坏蛋杀死。
- 2.5岁年龄段出现了人称代词"把"字句宾语。
- 3岁以上年龄段出现了副词"都1"（总括），"都2"（程度或强调）、"全都""全部"、"暂时"等，如：你帮我把两个都拿着。
- "把+名词+动词"、"把+名词+给+动词"也在3岁年龄段出现，如：他把火车一放，火车就开了；我把酱豆都给蘸完了。
- "把+名词+动词+着"始见3岁年龄段，如：你帮我把两个都拿着。
- "把+名词1+动词+名词2（名词1表物，名词2表人）"始见3岁年龄段，如：让我把八戒还给你。
- "把+名词1+动词+名词2（名词1表处所，名词2表动作的结果）"始见于3岁年龄段，如：哥哥一弄，把缸子上搞上水了。
- 3-3.5岁年龄段是儿童语言中的"把"字句的重要发展阶段。
- 3岁左右儿童已开始使用较复杂的修饰语，如名词性结构的"的"字句（我玩的玩具）、介词结构的"把"字句（小朋友把钢笔交给阿姨）。
- "把+名词+介词词组+动词"始见于3.5岁年龄段，如：妈妈，把《小熊拔牙齿》给我讲完。
- 该年龄段后出现了"介词+处所名词+工具名词"，如：要是把甘蔗用凉水搞了，再用热水烫了，就可以吃了。
- 3.5岁儿童对句子成分的语义性质及其间的语义关系，已经能够准确地分析、确定，已经初步掌握句法格式之间的异形同义关系，具有初步的句法变换能力，如：把《小熊拔牙》给我讲完。
- 3.5岁年龄段儿童"把"字句中的动词（57个）：扇、打、搞、宰、掀、逮、抠、解、扒、装、脱、剪等。
- 3.5岁后儿童出现了较多复杂的把字句，如介词结构的"把"字句：小兔子把萝卜放在桌上。
- "把+名词+动词+得+情态补语"始见于4岁年龄段，如：我在家天天练武，练武把爸爸推得跌跤。
- "把+名词+动词+动量"始见于4岁年龄段，如：我要你把全体的话都说一遍。
- "没"在4岁年龄段出现，在使用时会出现偏误现象，如：今天把饭没吃完。

- 4岁以上年龄段儿童"把"字宾语脱漏现象减少,对"把"字必带宾语的句法制约的认识逐渐规则化,如:他就张开口把你头,把你衣服,把你吞到肚子里去。
- "把+名词1+动词+名词2(名词2表示名词1的部分)",如:后来再拿刀一砍,把他头砍半块喽。
- "把+名词1+当/成+名词"始见于4.5岁年龄段,如:它想把小白兔当点心吃,把沙搞成正方形。
- 4.5岁以上年龄段儿童"把"字句中的动词(84个):推、扶、带、牵、抱、拿、救、撒、扔、捡、拆、提等。

  4．被字句
- 1.5岁儿童开始使用主动句,包括施事不出现和不含动作对象两种情况。
- 1.5岁儿童的语言中已经出现受事单词句。
- 1.5岁儿童在替换性模仿句中常常在答句中省略掉受事主语。
- "名(受)+动词"始见于2岁年龄段,这类被动句中的"动"或为动趋式、动结式,或带有助词"了、过、着、的",如:球拿到了,大灰狼打死喽!也有不带"了"的,如:帽甩掉。
- 2岁年龄段出现了用"被、给"引出受事成分的被动句,如:笔呢?笔给老猫拿去了。
- 儿童被动句始见于2岁年龄段,2岁前儿童心理水平的发展和语言知识的发展是儿童习得被动句的基础。
- 出现"名(受)+动+名(处)"被动句式,这类被动句的"名(处)"是表示处所的成分,一般多为方位词组,句中的动词有三种形式,一是光杆动词,如:(甲在玩积木、乙把积木拿起来放在桌子上)乙:积木放上面了(乙把积木夹在腿弯里)甲:这放底下了;二是"动+趋",如:(幼儿指着小床说)球搞到这个里面去了;三是"动+介"如:(幼儿玩种植游戏)大草栽在这里,好,栽好了。
- "名(受)+(被、给)+(名施)+动+名"被动句中有三个名词性成分,位于动词后的宾语位置上的名词性质不一致,一是宾语位置上的名词为与事成分,如:这个给你;二是宾语位置上的名词为受事成分,且是主语位置上的名词的一部分,如:这个地方被蚊子咬了一块,蚊子真坏!这种句式出现在3.5岁后。
- 2岁年龄段出现了"名(受)+动1+名(兼)+动2"被动句,其中动1都是"给",句中的"名(兼)"既是动1"给"的与事,也是动2的施事,主语位置上的"名(受)"既是动1的受事,也是动2的受事,如:大蛋给我吃;小白兔给我玩。
- 儿童2岁时出现了"名(受)+名(施)+动"这类主谓谓语被动句,在以后各年龄段出现的频率也较高,如:果丹皮我要;大老虎我来打。
- "名(受)+名(施)+动"被动句中充当主语的名词同动词之间的语义关系除了"受事-动作"外,还有"处所-动作","结果-动作",如:这大马我骑;这句话你给我记下来。
- 儿童2.5岁以后,被动句开始广泛运用于询问,如:这本书看过了没有?这能吃吧?句首"名(受)"的被处置意味有所减弱。
- 3岁开始使用"被",如:甲:那一个呢?乙:那一个被我搞掉了。
- 3岁前"给、被"引进的施事成分都表示人或有生物。

- 3岁后才出现"给、被"引进非生物施事的例子，如：叔叔的手被开水搞破了。
- 不含施事成分的"被、给"类被动句到3岁后才出现，且使用较少，如：小尾巴给搞住了；晚上以后呢，狐狸叫起来了，它的痰盂被打掉了。
- 3岁后被动句开始用于评论，句首"名（受）"作为谈论对象的话题意味逐渐增强，如：这个东西小松鼠能吃；他的衣服被穿反了。
- 出现了表达褒义的被动句，如：我今天给老师表扬了。
- 3-5岁是"给""被"共用的时期，但"给"的使用多一些。
- 儿童运用"名（受）+动+名（处）"这类被动句进行询问时，句中的"名（处）"一般为疑问代词"哪、哪里、哪儿"，如：火车搞哪去了？
- "名（受）+动1+动2"这类被动句中的"名（受）"既是动1的受事，也是动2的受事，如：（乙指着画册上的画面问甲：他们干什么呢？）甲：在买书，书买来看看。
- "名（受）+名（施）+动"这类被动句还有比较复杂的情况，如：公园我不知道在哪，"公园"是全句的主语，也是动词"在"的系事。
- 儿童被动句中的状语除了"给、被+（名施）"外，还有副词性状语、助动词状语、介词状语等。
- 被动句副词性状语表达的意义有表范围的，使用的副词有"也、都、全"等，如：肉吃了，鱼也吃了；有表时间的，如：猪八戒拿刀子杀它，西瓜就杀开了；有表强调的，如：甲乙斗嘴，甲：然后你就掉下来，咚，头都砸扁啦；有表否定的，否定副词对它后面的成分的否定可分为两种，一是全部否定（如：甲进门后没关纱门，乙：门没关上），一是部分否定，而部分否定又分为否定补语的句子（如：吃饭的时候，甲吃了几口不吃了，乙：你的饭还没吃完呢）和否定状语的句子（如：妈妈，我跟你说句话，别给爸爸听到了）。
- 被动句中助动词"能"做状语时表示两种意义，一种是表示主观上允许某物被处置，如：这是我的车，这车不能骑；另一种是表示客观上某物能够被处置，如：（幼儿拿起折扇）这个能拉开吧？
- 被动句中介词词组作状语可分为两类，一类是方位介词引进处所成分，分别表示来源、方向、途径等意义（如：甲看到乙手中的玩具刀，甲：宝剑从哪搞来的呀？）；另一类是由对象介词引进与事，表示传递、服务等意义（如：幼儿指着包子说：这个给妈妈留着）。
- 4.5岁后的年龄段中"名（受）+动1+动2"这类被动句中，出现了"名（受）"只是动1或动2的受事，同时与另一个动词又有其他关系，如：（幼儿指着公园的后门说）我妈妈有时候在这里上班，她又调到马路的大门那边去上班了。
- "名（受）+名（施）+动"被动句中的"名（受）"到4.5岁后才出现周遍性的主谓谓语被动句，如：我想吃的东西妈妈都给我拿。
- 到4.5岁后"名（受）+名（施）+动"这类被动句有了更为复杂的情况，如：甜的葡萄我喜欢吃、酸的不吃，其中"甜的葡萄"既是全句的主语，又是动词"吃"的受事，而"吃"又是动词"喜欢"的宾语，"吃"同"甜的葡萄"之间的语义联系跨越了三个层次。
- 4.5岁年龄仅发现一例用被动句作为始发句，并且句首的"名（受）"作为主语统领后续句的情况，如：（成人对甲、乙说：说说你们的武器，看谁的厉害）甲：我的剑打不断，我的剑是铁丝剑，它打不断！乙：铁丝剑能打断！甲：就打不断！
- 5岁年龄段儿童当导引句谈论某一事物时，被谈论的事物在后续句中常常只被作为旧信息放在句首，被动句常常作为接续句出现在话语中，如，甲：我到天上去把它（太阳）拿下来。

5. **方所句**

- 1.5岁年龄段儿童的语言中首先出现了隐含方所的趋向动词句，如：儿童想到外面玩会说"出去"，招手叫人时说"来，来呀"，要从板凳上下来时会说"下，下去"。
- 2岁前儿童的语言中会出现"在"这个词，但这时的"在"是一个动词，表示人或者事物存在于某个处所。
- 2岁儿童语言中同时出现"从"字句、"往"字句、"到"字句，为了表示动作行为进行的目的处所，就选择"到"字句，如：小狗到里面玩玩；要表示动作行为的趋向，就选择"往"字句，如：我往旁边坐；要表示动作行为的起点或经历的处所，就选择"从"字句，如：从那边进去。
- 2岁前的儿童就已经具有"里面"的概念，在2岁时大量地将它运用于方所句，如：抱我到这里面去；小狗到里面玩玩。
- 2岁前的儿童也初步具有了"外面"的概念，如：让幼儿看"房屋"的看图识字卡片：幼儿说"外面看的"。
- 2-2.5岁儿童的自发性语言中也出现了含有"外面"的方所句，如：妈妈到那边……外面上班去了；我自己走，走到外面就跟你再见。
- "从+方所+动词+（趋向动词）"句中，方所介词"从"引进的方所成分表示动作行为的经历点，动作行为者一般为施事，如：（幼儿指着公园的门）从那边进去。
- "往+方所+动词"方所句中的"往"表示施事前去的处所，或受事进入、所及的处所，如：我往旁边坐；小青蛙然后往家里去了。
- "到+方所+（趋向动词）+动词+（趋向动词）"方所句中，方所成分表示的一种意义为动作行为者前往的处所或目的地，如：妈妈到那里……外面上班去了；到什么地方去玩玩？
- "动词+到+方所"句中的方所成分表示的一种意义为施事使受事位移所到的处所，如：（幼儿指着圈式座椅对成人说）把你抱到这里面去；（幼儿往椅子下面扔积木）甩到里面去哦！
- 2-2.5岁儿童有时还用指示代词"这、那"来指代称说某个具体的处所，如：她跑这来了；（幼儿指着身边的小床对妈妈说）坐这边来。
- 2-5岁儿童语言中的方所句在结构类型上基本覆盖了成人方所句的结构类型，但在相关词汇的习得上则表现出明显的差距。
- "从+方所+动词+（趋向动词）"句中，方所介词"从"的方所成分表示动作行为的起点，动作行为者一般为施事，如：我从床上起床的；你骑车子，我从后面来冲啊。
- "往+方所+动词"方所句中，"往"表示动作行为的方向，这一句式发生在2.5岁年龄段，如：他往那边去了；往天上打鹰。"动词+到+方所"方所句中的方所成分表示的一种意义为前往的处所或位移的终点，如：（幼儿摆弄火车积木）火车快要下来了，火车开到地下了。
- 2.5岁年龄段才出现表示动作行为的起点的从字句，如：我从床上起床的。
- "从+方所+动词+（趋向动词）"句中，方所句涉及施事与受事两者，方所介词引进的方所成分表示事件发生的源点，同时是受事存在的处所，如：我有糖，我从家里带来的。
● "从+方所1+（动词）+到+方所2"句中含有两个方所成分，"从"引进的方所成分表示起点或经历点，"到"后面的方所成分表示终点或目的地，这类方所句到3.5岁年龄段才出现，如：从那边到我们幼儿园也能看到这个。
● "到+方所+（趋向动词）+动词+（趋向动词）"方所句中，方所成分表示的另一种意义为动作发出者往返行为的折返点，如：到厨房里搬个小板凳来。

6. 主谓谓语句

● 1.5岁儿童的语言中，由主谓结构实现的主谓句已经出现，如：（保育员换班走了）奶奶买饼饼（意思是奶奶买饼饼去了）；（吃饭的时候）宝宝吃饭，妹妹吃饭。
● 充当谓语的主谓结构为"主+述"结构，其中的述语大部分是状中结构，如：（幼儿看到成人买来了果丹皮说）果丹皮我要；（成人给幼儿一把玩具枪，幼儿说）这个枪我不喜欢，你给我换一个。
● 充当谓语的主谓结构为"主+连谓"结构，这类句子中充当小谓语的连谓语结构包括连动式和兼语式，如：（成人装老虎逗幼儿，幼儿说）大老虎我来打；（幼儿找书看）大灰狼书我找来看（3）。
● 2岁年龄段后出现了充当大主语的成分一般为名词（包括代词），此外还有名词性的定中结构和"的"字结构，如：（幼儿上木马）这大马我骑；（成人给幼儿一把枪）这把枪我不喜欢（2.5）；甲对乙说：我写的你不认识（3）；（幼儿问妈妈）我留给你的瓜子你怎么不吃啊（4.5）？
● 2岁年龄段出现了大主语为动词的受事，小主语为动词的施事，如：（成人装老虎逗幼儿）大老虎我来打（2）；（幼儿吃完香蕉对成人说）香蕉我吃到肚子里头去了（2.5）。
● 2岁年龄段出现大主语为处所，小主语为施事，如：这大马我骑（2）；那个车我坐过（3）。
● 2岁儿童的自发性话语中，开始出现主谓结构做句法成分的用法。
● 在2岁儿童话语中出现了主谓结构做定语和做主语的情况，如：（幼儿指着纸上的字说）这是妈妈写的字。
● 儿童语言中的主谓谓语句始见于2岁段，如：（幼儿看成人买来果丹皮）果丹皮我要。
● 主谓结构做定语始见于2岁年龄段，如：这是妈妈写的字（2）；（幼儿洗手后看洗过的水说）我洗过手的脏水好脏（4）；（幼儿把自己叠好的船给人看）你看我叠的船，冒火的船（4.5）；（甲对乙说）我想吃的东西妈妈都给我拿（5）。
● 主谓结构做主语的用法始见于2岁年龄段，如：（幼儿把帽子往成人头上放）叔叔戴我帽子好不好（2）；你会讲大灰狼的故事对不对（2.5）；（甲对乙说）要不到我家去，我拿我的宝剑，我们来比比打仗好不好（5）。
● 充当谓语的主谓结构为"主+述+补"结构，如：（成人问：你怎么没带眼镜呀？幼儿说）我眼镜我已经自己搞坏了。
● 2.5年龄段开始，充当谓语的主谓结构为"主+述+宾"结构，这类句子中的宾语有的是名词性宾语，有的是谓词性宾语，还有的是双宾语，如：苹果我喜欢吃；我一个人搭积木。

● 充当谓语的主谓结构为"主＋述＋补＋宾"结构，如：（幼儿吃完香蕉说）香蕉我吃到肚子里头去了。

● 2.5岁起，充当谓语的主谓结构为"主＋述（形）"这类句子中充当谓语的主谓结构的述语是形容词性的，如：我鼻子不通，回家我要擤鼻涕了；爸爸，我背好疼（4.5）

● 2.5岁出现了大主语为施事，小主语为受事，如：（甲指着乙告状）他手帕不给我，他不给我手帕（2.5）；甲：你什么都不知道！乙：我什么都知道（4.5）！

● 2.5岁出现了大主语为主体，小主语为主体的部分，如：我鼻子不通，回家我要擤鼻涕了（2.5）；爸爸我背好疼（4.5）

● 2.5岁出现了大小主语之间有领有者和领属物的关系，如：（成人问：你怎么没带眼镜呀？）我眼镜我已经自己搞坏了（2.5）；（甲乙斗嘴）甲：我本领大，她本领小（5）。

● 2.5岁出现了主谓谓语句做宾语，如：（幼儿把手伸给成人）你看我手可冰？

● 2.5岁开始，儿童语言中的主谓谓语句进入发展期。

● 2.5岁后儿童话语中的主谓谓语句已由最简单的小谓语（一个动词充当的小谓语）发展为多样化的谓语性结构做小谓语，如：这个枪我不喜欢（2.5）；我写的你不认识（3）；这句话你给我记下来（3.5）；今天小鸭我来给它戴花（4.5）；我本事好大哟（5），儿童语言中的主谓谓语句的小谓语部分出现了状中结构、述补结构、述宾结构（包括双宾结构）、连谓结构及形容词为中心的状中结构。

● 2.5岁以后，儿童主谓谓语中出现了处所、结果、与事、领事、双重受事等性质的大主语，也出现了受事、结果、分事性质的小主语，同时大主语和小主语之间出现了领属关系和整体—部分关系，如：我鼻子不通（2.5）；那个车我坐过（3）；手枪你可会画（4）；这个做梦的故事我就给大家讲完了（4.5）；她什么都不会（5）。

● 2.5岁以后的儿童语言中的主谓谓语句的主谓谓语的评说功能逐步增强，而支配功能则逐步减弱，如：这个枪我不喜欢（2.5）；公园我不知道在哪（3）；我不怕咸，咸我不怕（4）；甜的葡萄我喜欢吃，酸的不吃（4.5）；什么我都喜欢喝（5）。

● 主谓结构做宾语始见于2.5岁年龄段，句中谓语动词都是谓宾动词，大部分都表示人们的感觉、知觉或意志、情绪。

● 主谓结构做宾语又可分为：A. 做动词"看"的宾语，句中的动词"看"多表示"观看"的意思，也有少数表示"看望""评判"的意思，如：（幼儿跳上一块石头）看我蹦得远（2.5）；（幼儿讲到医院看妈妈的事）去医院看妈妈打针，妈妈去医院也不哭（2.5）；（幼儿说了一段话后问成人）看我说得可对（2.5）；甲摆弄玩具钢琴，不响，乙说：你看我怎么修（4.5）；B. 做动词"要"的宾语，句子中的动词"要"主要表示意愿，如：我想回家，我要妈妈陪着我（2.5）；我不要×××唱嘛，我不要他唱（3）；我要你给我讲一个孙悟空大闹天宫（4）；C. 做表示感觉/知觉的动词的宾语，如：（成人问：这是什么树？）我不晓得它是什么树（2.5）；爸爸你可同意让我上水管去洗手（4）；（爸爸问：你第一喜欢哪个老师？）我怕老师骂我，我不敢讲（4.5）；甲：我妈妈在地区医院，乙：我晓得妈妈在哪上班（5）。D. 做"讲、说"类言语动词的宾语，如：我是黑猫警长，爸爸讲我不是黑猫警长，我讲我是黑猫警长（3）；（幼儿把馒头咬了几口后，问爸爸）爸爸，你说这像个什么（4.5）；（幼儿讲幼儿园检查卫生的情况）黄医生一讲"嗯"，就说明你的指甲不长（5）；E. 构成"的"字结构，主谓语结构构成的"的"结构都表示转指，转指的成分有两类，一类是指称受事，这类始见于2.5岁年龄段，如：我有好多东西，我妈妈给我的（2.5）；（幼儿甲拿着《黑猫警长》的书对乙说）这是爸爸妈妈送给我的（3）；（甲拿着糖对乙说）糖我从家里带来的（3.5）；你看，这是徽章，这是爹爹（爷爷）送给我的（4.5）；另一类指称结果，这种用法也始见于2.5岁年龄段，如：（幼儿要妈妈讲故事，爸爸说：我来讲，幼儿说）妈妈讲的好听，我爸爸讲的故事不好听（2.5）；我叠小船，是我自己叠的（3）；我叠的能飞（4）。

● 3岁出现大主语为双受事性质，小主语为施事，如：大灰狼，我找来看（3）；饼子没有啦，饼子我给老师吃了（4）。

● 充当谓语的主谓结构为"周遍性主语+述"，这类句子中充当谓语的主谓结构都是由周遍性主语加上述语构成，充当主语的成分基本上都是"什么"，如：（成人问：你想说什么?）幼儿说：我什么也不想说；（甲对乙）你真是哑巴呀，一句话都不说（4.5）；我们班上×××是个大笨蛋，她什么都不会画（5）。

● 4岁儿童阶段出现了一例主谓结构相互联结构成的紧缩句，如：（幼儿拿一个纸叠的玩具问成人）这是什么？（成人说：我不知道，你说这是什么?）幼儿说：你猜出来我就告诉你。

● 4岁年龄段出现大主语为结果，小主语为施事，如：甲问乙：手枪你可会画（4）；（幼儿讲自编的故事）好，这个做梦的故事我就给大家讲完了（4.5）。

● 4.5岁年龄段出现了大主语为与事，小主语为施事，如：（幼儿玩橡皮鸭子）今天小鸭我来给它戴花。

● 4.5岁出现大主语为施事，小主语为结果，如：（甲对乙）你真是哑巴呀，一句话都不说（4.5）；我们班上××是个大笨蛋，她什么都不会画（5）。

● 4.5岁后出现了话题——评说关系，这种关系表达了儿童对人或客观事物的主观看法，显示了自己的主观意志，如：甜的葡萄我喜欢吃，酸的不吃（4.5）；什么汤我都喜欢喝（5）。

注：上面括号内的数字表示年龄。